延安叙事：
海外藏红色文献丛刊

第一辑

主　编　韩　震

执行主编　何明星　汤文辉

从北平到延安

1938 年美联社记者镜头下的中国

宋玉武 编著

广西师范大学出版社
GUANGXI NORMAL UNIVERSITY PRESS
·桂林·

从北平到延安：1938 年美联社记者镜头下的中国

Cong Beiping Dao Yan'an : 1938 Nian Meilianshe Jizhe Jingtouxia de Zhongguo

策划编辑：肖爱景
责任编辑：刘隆进
助理编辑：原野菁
营销编辑：赵艳芳
责任技编：伍先林
整体设计：智悦文化

图书在版编目（CIP）数据

从北平到延安：1938 年美联社记者镜头下的中国 /
宋玉武编著 . —桂林：广西师范大学出版社，2020.6
 ISBN 978-7-5495-3702-0

 Ⅰ．①从… Ⅱ．①宋… Ⅲ．①抗日战争－史料－
中国 Ⅳ．①K265.06

 中国版本图书馆 CIP 数据核字（2020）第 080708 号

广西师范大学出版社出版发行

（广西桂林市五里店路 9 号　邮政编码：541004 ）
网址：http://www.bbtpress.com
出版人：黄轩庄
全国新华书店经销
广西广大印务有限责任公司印刷
（桂林市临桂区秧塘工业园西城大道北侧广西师范大学出版社
集团有限公司创意产业园内　邮政编码：541199）
开本：787 mm ×1 092 mm　1/16
印张：16.5　　字数：115 千
2020 年 6 月第 1 版　　2020 年 6 月第 1 次印刷
定价：108.00 元

如发现印装质量问题，影响阅读，请与出版社发行部门联系调换。

前　言

霍尔多·汉森（Haldore Hanson），1912年出生于美国明尼苏达州，1934年毕业于卡尔顿大学。毕业后，汉森从当地银行借了125美元，踏上亚洲历险之旅，途经日本来到中国。汉森到中国后在北京以教书、撰写新闻报道维持生计。他在正常的教学工作外，积极参加地方民众的活动，深入研究中国社会的方方面面。全面抗日战争爆发后，汉森于1938年3月以美联社特约记者的身份从北平出发，前往冀中抗日游击区进行采访，成为进入华北地区的第一个西方记者。返回北平后，他对此行做了广泛的宣传，华北抗日根据地才渐为人知。当时，燕京大学历史系英籍教师乔治·泰勒、经济学教师林迈可、数学系教师普德等人受汉森影响，从1938年夏到1939年，利用假期组团，对晋察冀边区进行了多次考察。

1938年6月，汉森第二次访问华北抗日根据地。他从北平出发，深入冀中、冀西抗日游击区，随后到五台、晋南等地，采访了彭德怀、聂荣臻、吕正操、白求恩等人。9月中旬汉森经西安到达延安。在延安他访问了毛泽东、林彪、贺龙、徐海东等人。此后，他又在重庆、长沙等地做了短暂停留，最后经香港返美。1935年至1938年底，他在《亚细亚》(*Asia*)、《太平洋事务》(*Pacific Affairs*)、《读者文摘》(*Reader's Digest*)、《美亚》(*Amerasia*)、《字林西报》(*North China Daily News*)、《密勒氏评论报》(*The China Weekly Review*)等报刊上发表了介绍中国工农红军长征及中国抗战的文章，其中有关华北、西北抗战活动的报道尤为重要。

1939年初，汉森返美并与他的"芝加哥女孩"伯尼斯·布朗（Bernice Brown）结婚。在与亲朋好友相聚时，他常向人们讲述中国及中国之行的方方面面，但他很快发现普通美国民众对遥远的中国兴趣平平。只要他聊中国超过15分钟，就有人出来改换话题。汉森所著关于中国的第一本书《中国抗战纪事》（*Humane Endeavour：The Story of the China War*）出版于1939年11月，该书对其在中国的所见所闻有详尽叙述和分析，书评还算不错，但销量一般。因为此时正值纳粹德国侵略波兰两个月，大多数美国人的目光已从对中国战事的关注转向欧洲战场。

回国后的汉森起初在美联社工作。1942年，他受聘于美国国务院，从事国际援助与发展和文化交流工作。在1950年美国麦卡锡主义"排共"大潮中，麦卡锡剑指美国国务院中的"中国通"。汉森被指控为"亲共分子"，唯一的证据是从其涉华著作中断章取义的所谓"亲共"言论。尽管国会调查委员会、联邦调查局和国务院的调查结果都认为汉森是无辜的，但1953年新组建的艾森豪威尔政府仍将其解雇。

在弗吉尼亚州劳登郡的一个农场度过了几年养牛生涯后，汉森回到"第三世界"国家工作。1958年他来到缅甸，不久奈温将军政变上台，汉森被驱逐出境。接下来，他担任了伊朗胡齐斯坦发展服务项目的经理。此后，汉森任福特基金会驻巴基斯坦代表，主持农业开发工作。后来，汉森又从巴基斯坦来到尼日利亚协助该国发展农业。他的最后一份工作是在墨西哥国际玉米与小麦发展中心任主任，该中心由世界银行、洛克菲勒基金会和墨西哥政府资助。1978年汉森退休。

退休后，汉森一直想到中国故地重游，1981年汉森携夫人访华成行。多年来汉森一直幻想"沿长征路走一趟"。1982年，中国政府回应了他的请求，并于1983年为其安排了一次"长征之旅"，此行比美国著名记者哈里森·索尔兹伯里1984年的长征行早了一年。1985年，索氏出版《长征：前所未闻的故事》(*The Long March: The Untold Story*)，《时代周刊》(*Time*)等许多报刊对其做了大量报道。接着，多国竞相翻译出版该书，索氏声名远扬世界各国。1986年，汉森出版《第三世界50年：一个美国人海外历险省思录》(*Fifty Years around the Third World : Adventures and Reflections of an Overseas American*)。与索氏《长征：前所未闻的故事》不同，汉森的记叙集中于中国农业的变化及半个世纪以来的中国农村生活。

1992年9月24日，汉森病逝于墨西哥泰克斯科克(Texcoco)的一所医院，时年80岁。他去世后，其家属将他在中国拍摄的照片及手稿分别捐赠给了母校卡尔顿大学古尔德图书馆特藏部和美联社档案馆。

1937年10月，斯诺的《红星照耀中国》(*Red Star Over China*)由英国伦敦戈兰茨公司首次出版。继斯诺之后，报道战时中共和延安的著作相继面世：1939年贝特兰出版《华北前线》(*North China Front*)；1940年卡尔逊出版《中国的双星》(*Twin Stars of China*)；1944年林迈可出版《华北战场》(*North China Front*)；1945年福尔曼出版《来自红色中国的报告》(*Report from Red China*，后译为《北行漫记》)。这些著作报道了中共领导下的抗战，向世界展示了中共和延安的全新形象。汉森的《中国抗战纪事》亦属于这一书系。除此之外，汉森从1937年夏至1938年底拍摄的一批新闻照片，真实地记录了"卢沟桥事变""南苑战役""长沙大火"等历史事件，以及晋察冀边区抗日武装活动、抗日根据地延安的活动等。照片中的主要人物有毛泽东、周恩来、朱德、贺龙、罗荣桓、聂荣臻、林彪、罗瑞卿、徐海东、王震、萧克、吕正操、林伯渠、徐特立、谢觉哉、康克清、李耕涛、沙可夫、丁玲、孙维世、卫立煌、白求恩、罗伯特·布朗、埃文斯·卡尔逊等。

汉森特藏中最珍贵的部分当属其1938年在华北和西北地区拍摄的照片。作为美联社特派战地记者，汉森是第一个进入华北抗日游击区的外国人。这批照片为史家研究中国抗日战争提供了第一手鲜活的视觉文献。历史的著述经常有官史、坊史、野史、外国人的记录等。这些不同版本的交相阅读、比照，会使人们得出更接近历史原貌的结论。而汉森拍摄的照片更属"以图证史"，铁板钉钉级的资料。作为"可视历史"，汉森拍摄的照片在记录历史事件的直接性、客观性与可追溯性上，在考察、补白、矫正、丰富与重建历史记忆上，显示出了不可代替的文献价值。

在编辑本书的过程中，笔者参考了卡尔顿大学图书馆的"霍尔多·汉森中国特藏（1937—1938）"［Haldore Hanson's China Collection（1937—1938）］、《中国抗战纪事》、《第三世界50年：一个美国人海外历险省思录》英文原著，以及汉森的旅行日记、信件、发往美联社的新闻稿及发表的文章等。笔者同时参考了一些相关中文书籍，如吕正操的《冀中回忆录》、立波的《晋察冀边区印象记》等。毫无疑问，汉森拍摄的照片与文字描述为这些中文历史文献打了最好的注脚。

汉森的文笔类似白描。他所描述的生活场景、人物态貌精准简约。其文夹叙夹议，分析解读也有独到之处。此外，汉森的著作及日记记叙其所见人物和所经历的事件很具有参照性。比如他曾写道："传教士们发现，当双手染满鲜血的日本兵'扫荡'后回到他们的营地时，安慰他们的最简单的方法就是送给每人一枝花。"此一叙述与美国文化学者鲁思·本尼迪克特所撰《菊与刀》中对日本民族性的概括相辅相成，凸显了日本人的矛盾性格，即日本文化的双重性——爱美而尚武，遵礼而好斗。

汉森注重搜集数据，并用其作依托，得出结论，如统计日军轰炸、抢掠中国村镇所造成的损失。他通过所得数据，在没有假设的前提下去挖掘其背后的意义、相互关系，发现或预判趋势。汉森的田野调查可作为中方记录和统计资料的最佳佐证。他的统计报道十分精详，如其文记录：保定附近上百名农民每周中有两次夜间破坏铁路的行动，"每次拆掉十截铁轨，砍掉二十八根电话线杆"。为了恢复线路，日军只能换新的铁轨和电线杆。据汉森估计，除去劳工费用，日军一周损失4780日元。依次类推，一年损失50万日元。汉森获悉冀中抗日游击区吕正操司令部的政工人员计划在村民中组织数百个类似的行动小组，可见规模之大。他据此推断中国的游击战、持久战将以弱胜强，使日本在中国的战争难以为继。这从一个侧面印证了1937年11月14日战时生活社编辑发行的《陈诚将军持久抗战论》和毛泽东1938年发表的《论持久战》的理论。

中外史家对汉森的研究并不多。有关著作如史蒂芬·麦金农与欧里斯·福莱森1988年出版的《中国报道：1930—1940年代旅华美国记者口述史》(*China Reporting: An Oral History of American Journalism in the 1930s and 1940s*)，只字未提霍尔多·汉森。其他中外史籍即使提到汉森也是零零散散，缺乏系统。只有少数汉森拍摄的照片被中国书籍、报刊多次刊载，广为人知，如"1937年7月28日赵登禹殉国""毛泽东与徐特立在延安""百团大战期间玉米地里的彭德怀"等。

1981年汉森访华期间曾将行前整理成册的晋察冀边区的照片以及一些文字稿件的复印件（题名为"美国新闻记者和中国游击队在华北"）捐赠给中国军事博物馆。显然，汉森认为这批照片只有在中国才能真正体现它们的意义。然而30多年过去了，这批照片似乎是"泥牛入海"。

2014年，卡尔顿大学古尔德图书馆将汉森拍摄的照片以数字馆藏形式公布于世，这才引起人们对汉森及他的身世、著作、照片的注意。2017年，解放军文艺出版社出版了 *Humane Endeavour: The Story of the China War* 的中译本——《中国抗战纪事》。该书的问世标志着对汉森的研究进入了一个新的领域。

笔者有幸获得汉森后人埃里克·汉森（Eric Hanson）先生、斯尼·汉森（Signe Hanson）女士授权出版此书，在此对二位表示衷心地感谢。笔者同时致谢卡尔顿大学古尔德图书馆馆员克里斯蒂·维玛噶（Kristi Wermager）和刘湘蕙（Hsianghui Liu-Spencer）两位女士，她们为本书的出版提供了大力支持，功不可没。最后要感谢我的妻子李捷，她在文稿录入、编辑、校对方面做了许多工作。

目录

CONTENTS

第一章　卢沟桥—南苑战役

（1937 年 7 月）

　　1937 年 7 月 7 日，"卢沟桥事变"爆发，此后，中日两国两军对峙，并进行谈判。日方提出无理要求，双方谈判未果。7月 27 日，日本政府发表声明，在中国华北地区采取"自卫"行动并向国民政府发出最后通牒，要求中国军队在 7 月 28 日以前撤离北平及周边地区。鉴于和平无望，驻守华北的第 29 军军长宋哲元拒绝了日军所有要求，急令部队集结于平津一带备战。7 月 28 日 8 时，日军在香月清司司令官指挥下向中国军队发动总攻。日军主攻部队第 20 师团在飞机、火炮支援下，对驻守南苑的第 29 军特务旅、第 38 师 114 旅、骑兵第 9 师等部发起强攻。南苑守军在日军猛烈的攻击下，指挥失控，死伤惨重，被迫撤退。南苑兵营一片狼藉。此时位于丰台的日军，根据情报在大红门地区设伏，企图阻击由南苑向北平城内撤退的中国军队。28 日下午 4 时，当南苑守军撤退到大红门一带时，不幸落入日军萱岛联队的伏击圈。在飞机的配合下，日军以机关枪、迫击炮等武器猛烈阻击，中国军队遭到重创，第 29 军副军长佟麟阁和第 132 师师长赵登禹不幸阵亡。

　　1937 年 7 月，作为美联社特约记者的汉森，在"卢沟桥事变"爆发前后曾前往卢沟桥、南苑一带探访，其拍摄的照片真实记录了大战一触即发之际的紧张和战争的惨烈场面。

1937年7月7日，在北京西南郊永定河上的卢沟桥，爆发了震惊中外的"卢沟桥事变"，中日战争至此全面展开。汉森曾在他的《回忆录》中提到，"卢沟桥事变"前夕，他和美国作家杰克·贝尔登（Jack Belden）驱车到卢沟桥附近为战地报道搜集资料。由于各处设有路障，两人弃车，涉水渡过永定河，来到中方前线。中方指挥官对这两位"不速之客"的突然出现感到惊讶不已。该照片便是汉森拍摄的大战之前的卢沟桥。

　　1937年夏，北平。日军新闻官向驻北平的西方记者通报战
况。黑板上有保定府的英文字样。

　　1937年7月27日的《华北明星报》头条报道，日军发出最后通牒，要求宋哲元将军指挥的29军20小时内撤离八宝山、卢沟桥一带，44小时内撤离北平。图中人物，右为宋哲元将军，左为日军驻屯军司令香月清司中将。

　　《华北明星报》是1918年8月12日由美国旅华侨民在天津创办并经营的大型综合类英文日报。主笔由北洋大学政治学教授查理·福克斯担任，报馆设在法租界内。《华北明星报》雇佣了大量美国记者、编辑，是华北地区发行量最大的英文日报。该报在抗日战争初期曾大量报道中日战况。

　　1937年7月27日上午，宋哲元的29军在北京主要街道，如灯市口南边的哈德门（崇文门）大街上挖掘防坦克壕沟，同时在重要街道中间垒沙袋，并加强使馆区的防御。哈德门大街是通往北平内城的主道之一，路面宽平，适于坦克穿行。

　　在挖掘防坦克壕沟现场出现穿印有"卫生局"字样服装的人，极有可能是时任北平市卫生局局长谢振平紧急派赴援助的北平市卫生局员工。谢振平曾任29军的军医处处长、29军长城战役兵站医院院长等职，与29军关系非同一般。"卢沟桥事变"后，谢振平曾对家人说："我是一名军人，只有服从命令，抗战到底。我又是北平市一局之长，必将与北平市共存亡。"北平沦陷后，谢振平于1937年8月14日在北新桥寓所召开29军留守干部会议，为日谍侦悉，遂被捕，10月下旬遇害。

　　1937年7月7日"卢沟桥事变"爆发后，北平上空笼罩着战争的乌云。市区里的商家为防止战乱中可能发生的抢劫，纷纷关闭大门，仅从门上的小洞向顾客出售商品。图为哈德门大街一家商铺售货的情景。

1937年7月28日，中日两军在南苑发生激战。29日，汉森骑车沿路一探究竟。映入眼帘的景象令人毛骨悚然。他回忆道：

我用一根树干当梯子，爬上了沙袋搭建的工事。往下一看，一堆中国人的尸体躺在路上，大片鲜血已经凝固，放眼望去一个日本士兵都见不到。我跳下去仔细观察，发现大多数遇难者都是村民。这堆尸体旁有个小男孩，从他扭曲的面孔能感觉到他生前经历的伤痛。紧张的心情慢慢平复后，我将自行车拖过掩体工事，缓缓向前骑行，一路的景象惨不忍睹：道路两旁躺着的数百匹死马、弹坑边被炸碎的肢体、路旁沟渠里腐烂肿胀的尸体。一小堆一小堆的中国军人遗体随处可见，他们的肠子从肚子里流出，树上尖厉的蝉鸣声与这些阵亡官兵痛苦的面孔相辅相成。

我拿着相机的手在发抖。突然，眼前似乎出现了一幅超现实主义的绘画，我的整个身体都战栗起来。前面的路上，一辆周边布满尸体的雪佛兰卡车像跷跷板一样前后晃动着，坐在前排的4名士兵就像歌剧院里打瞌睡的人，原来是车的两个前轮间有一匹马的头在扭动。估计这辆卡车遭遇伏击时撞上了一匹马。我试着轻轻呼唤那几个士兵，发现他们都死了。

不远处有辆被打成了筛子一样的轿车，车后座坐着两名中国军官，身体前倾。在约3英里*长的路上布满了未掩埋的尸体，还有弹药夹、手枪、手榴弹和大刀，看上去应该是中国军人撤退时为了轻装前进而丢弃的。

---

* 1英里约为1.6千米。

　　到达南苑兵营时，我没见到一个日本兵。这时，两名骑马的中国军官向我走来。其中一位会点法语，另外一位会点英语，我们可用于交流的词汇量只有50个左右，于是三个人磕磕巴巴地聊起来。"你是美国人吗？""是的，先生。""你为什么到这儿来？"此刻我想不出一个合适的词，于是用手向兵营方向指了指。"你想走过去呀？"我有点紧张地笑了笑，用中文回答"对了"。那位讲英文的军官为了解除我的紧张情绪，像父亲告诫儿子似的对我说："这里很危险。"可以感觉到他虽然对我很友好，但对我来此的目的有些怀疑。我点头回应："非常危险。你，军人。我，记者。我们都会前往危险的地区。"这位军官微笑着将我的话翻译给他的同伴听，随后，他俩在马上坐正，戏谑地向我行了个军礼便离开了。

　　南苑兵营曾经有3000名军人驻守，昨天在日军的狂轰滥炸之下他们已撤回北平。我穿过这座沉睡的兵营，发现四处都散落着牙刷、鞋子、肮脏的袜子、香烟、女友的照片等，总之是普通士兵拥有的一切。上千匹战马围绕着军营在奔跑，应该是昨天的炮击声让它们受惊了。有几匹马向我走来，用鼻子拱着我的自行车车把，然而我没有东西喂它们。中国军队的野炮随处可见，炮弹只用了一半。一名死去的机关枪手躺在机枪旁，手中还握着子弹带。到了下午，尸体腐烂的味道弥漫了整个院落。

　　此时，我往国内（美国）发送新闻稿的时间已经有点晚了。一阵饥饿感袭来，我赶紧骑车返回北平，准备报道"由于军阀宋哲元的愚蠢，1000名官兵付出了代价"。

（编译自1939年汉森回忆录 *Humane Endeavour: The Story of the China War* ——《中国抗战纪事》）

　　1937年7月29日，通往南苑兵营的路上。路边到处可见中国军民的尸体。

1937 年 7 月 29 日，通往南苑兵营的路上。几名身着平民服装的中国男子遇难。很明显死者生前曾被日军捆绑。

1937年7月29日，通往南苑兵营的路上。路边沟渠里的尸体。

1937年7月29日，通往南苑兵营的路上。路边两名中国军人的遗体。从长枪角度看，一名军人似乎被刺死，或死后被日军补了刺刀。

1937年7月29日，通往南苑兵营的路上。29军骑兵部队马匹的尸体四处可见。由于马的目标大，遭日军伏击时，几无生还。

　　1937年7月29日，通往南苑兵营的路上，被拴在树上的马
匹尸体。有可能伏击战之后，29军骑兵的坐骑成了日军的战利
品，起初被捆在树上，稍后日军奉命急攻北平，遂击毙无法带
走的马匹。此图与另一张被捆绑的数名中国男子遇难图可以相
互对照。

1937年7月29日，通往南苑兵营的路上。卡车上的弹洞清晰可见。车下中国士兵残缺的遗体可能是日军近距离投弹爆炸所致。

1937年7月29日，通往南苑兵营的路上。一辆经过伪装的轿车遭遇伏击。前座的遇难者看上去曾试图保护后排座位上的人。

这张照片后来被广为流传，有一种说法认为这是"赵登禹遇难照"。

1937年7月29日，南苑兵营内的张自忠办公场所，门楣上书"忠义诚勤"，旗杆空空如也。

1937年7月29日，激战后的南苑兵营一片狼藉。

1937年7月29日，南苑兵营附近，被中国军队遗弃的火炮与炮弹。

1937年7月29日，南苑兵营附近，被中国军队遗弃的重机枪及运载车辆。

1937年7月29日，南苑兵营附近，被摧毁的中国军队军械车辆。

1937年7月28日上午，南苑被日军占领，沿街商铺悬挂起
日本国旗。

1937年夏，华北地区的敌伪宣传海报。

1937年7月7日"卢沟桥事变"后，中日战争全面爆发。1937年12月中旬，日军在北平成立了傀儡政府——伪"中华民国临时政府"(亦称"华北临时政府")。图中从左至右为：伪"中华民国临时政府"核心成员王荫泰(实业总长)、齐燮元(治安总长兼华北治安军司令)、王克敏(行政委员会委员长兼行政部总长)、江朝宗(北平特别市市长)、董康(司法委员会委员长)、汤尔和(议政委员会委员长兼教育总长)、王揖唐(内政总长)。

第二章　冀中之行

（1938 年 3 月）

1938年3月，"冀中人民抗日自卫军"的一名情报员为汉森安排了抗日根据地的采访之旅。情报员带汉森从北平乘火车南下，后骑自行车前往冀中游击区。

1937年"卢沟桥事变"后，中共中央派干部到冀中，将民众自发成立的抗日武装组成"河北游击军"并开辟冀中游击区。1937年10月14日，国民党军队第53军691团团长吕正操（中共党员），率部于河北晋县小樵镇誓师抗日，决定691团脱离国民党军队，改编为人民自卫军，吕任司令员。此时冀中游击队的军事、政治领导机构是根据统一战线的原则建立起来的，包括北平的学生、东北军、八路军、自卫队等。国民党和共产党都有自己的公开组织，主要工作都围绕着抗日统一战线。至1937年11月上旬，冀中抗日武装控制了平绥、正太、同蒲、平汉四条铁路干线之间的广大地区。

在3月的两个星期中，汉森采访了蠡县、安平等地。他参观了兵工厂，观摩了部队的军事训练，亲睹了抗日武装缴获的日军军械，参加了万人集会及人民自卫军、村自卫团、妇女会、儿童团的各类活动。冀中之行使汉森亲身感受了中共的组织动员能力，也感悟到中国普通民众空前的爱国热情与抗战到底的决心。

汉森的这次采访在北平渐渐传开。一批批外国人按照汉森指引的路线，纷纷前往游击区考察访问。其中比较著名的是林迈可（Michael Lindsay）和他的同事组成的燕京大学英美学者考察团。

　　1938年1月，张先生（H. Y. Chang）在北平偶然听到汉森与人谈话时提到了冀中抗日根据地。于是他主动牵线搭桥，安排了汉森的首次冀中采访之旅。张先生（左）是北平抗日地下组织与冀中抗日根据地的联络员。

　　1938年3月，汉森在张先生的陪同下乘火车离开保定，后
骑自行车前往冀中抗日根据地采访，沿途他们都遇到了儿童团
检查路条。

　　每个村口都有人盘查路条，是为了防范日军间谍。这些武装简陋的农民带着黄色的臂章，上写六个大字"动员会自卫队"。在冀中访问期间，我被盘查不止100次。

（编译自1938年9月汉森发表于《太平洋事务》上的文章《中国游击队背后的人》）

　　河北蠡县张法治在《日寇铁蹄下的抗日游击小学》一文中回忆童年的经历："各村组建了儿童团，成立了抗日游击小学，坚持学习和进行抗日救亡活动，如站岗、放哨、捉汉奸、募捐、送信、作宣传。"图文互证恰恰构成当时冀中抗日小学的真实写照。

1938年3月，冀中抗日游击区宣传部在欢迎汉森的到来。北平来的大学生用英文书写横幅："欢迎汉森先生！""打倒世界强盗日本帝国主义！""为了自由血战到底！"（编者注：汉森英文名字写错。）

　　1938年3月，冀中抗日游击区人员手举写有中英文"欢迎"
字样的旗子及宣传部制作的美国国旗欢迎汉森。（编者注：美国
国旗制作粗简，1912年至1959年使用的美国国旗为48颗星，照
片中的旗子仅有24颗星。游击区环境艰苦，参考资料匮乏，战
时环境可见一斑。）

　　1938年3月，冀中。图中插有"蠡县青年救国会"会旗的
汽车是吕正操司令的代步车，也是冀中游击区为数不多的几辆
汽车之一。吕正操更喜欢骑马。很明显，马的机动性强，目标
小，择路、躲避空袭的能力远远超过汽车。

　　　　我曾经乘坐总司令的汽车，尽管上面插有游击队的官方旗帜，但
　　是村口的卫兵仍然要盘查我的路条。

（编译自1938年9月汉森发表于《太平洋事务》上的文章《中国游击队背
后的人》）

1938年3月，蠡县总部"会议堂"门前，青年救国会成员展示"蠡县青年救国会"会旗。

　　1938年3月，汉森到达安平，冀中抗日游击区人员手持旗
帜欢迎。

1938年3月，安平。人民自卫军在演习攀爬城墙。实战往往是选择夜间进行。图中可见墙下的战士用步枪、机枪掩护攀墙的战友。当时游击队的近战、夜战给日军造成很大困扰。

1938年3月，安平。汉森在观摩人民自卫军的军事演习。士兵们在演练进攻围墙环绕的城镇。为了减少伤亡，部队采取单人依次前进，众人俯卧待进的战术。

　　汉森曾在回忆录中描述道："3000多名游击队员俯卧成行，行距20英尺＊宽，松散地排列在一大片开阔地。一挺机关枪即使覆盖性地扫射，命中率也不会超过十几个人。最近的士兵离观摩台300步，而最远的在1英里开外。正当我们观看时，一名士兵突然跳了起来，用了不到4秒跑了40步后卧倒；第二个人以同样的方式冲出去，然后卧倒。整个田野里仿佛一群蝗虫在起起伏伏地前进，任何机枪手都无法瞄准目标。"

＊　1英尺＝30.48厘米。

1938年3月，安平。人民自卫军正在进行军事演习。

1938年3月，安平。人民自卫军在训练。从手臂姿势、步态看，这批战士刚刚入伍。军服是由安平村制衣厂制作。

汉森曾在回忆录中描述道："该厂购得60台'星格'牌缝纫机，这些缝纫机来自不同城镇的裁缝店。志愿者每天生产1100套制服。制服颜色是鲜绿色，与夏季庄稼颜色相符。棉花产自当地，纺织工作也是当地人完成的。生产成本每套仅18美分，一套服装包括上衣、裤子、绑腿、袜子和帽子。鞋是额外的，每双5美分。"

1938年3月，安平。人民自卫军在训练。一位指挥官向汉森介绍，游击队以班为单位，一个班由14名士兵组成。班长大都只有十五六岁，他们是军中最勇敢的战士。一位只有14岁的战士告诉汉森，他在过去1个月里参加了6场战斗。

　　1938年3月，冀中。腰别驳壳枪的人民自卫军战士，虽然年仅16岁，但已参加过数次夜袭敌营的战斗。

1938年3月，冀中。游击区干部。

1938年3月，安平。人民自卫军在城墙上训练。图中显示
的法式霍奇克斯M1914重机枪与汤姆森冲锋枪，在当时属于精
良的武器配置。

1938年3月，冀中。人民自卫军在训练。

1938年3月，冀中。手持步枪的人民自卫军近距离特写。

1938年3月，冀中。人民自卫军列队待阅。

1938年春，冀中。人民自卫军在进行大刀表演。

　　中国军队使用的大刀在与日军近战、夜战中曾起过一定作用。在1933年3月12日至3月24日的喜峰口战役中，国民革命军第29军大刀队夜袭日军，取得一定战果。当时担任"上海歌咏界战时服务团"领导者之一的作曲家麦新（1914—1947），连夜谱写了高亢激昂的《大刀进行曲》，此曲成为抗日战争初期的时代强音。

1938年3月，冀中。游击队缴获的日伪军摩托车和自行车。

1938年3月，安平。吕正操在查看缴获的日军手枪和佩刀。

1938年3月，安平。吕正操在测试缴获的日军掷弹筒。图
中可见其他缴获的日军用品：军服、钢盔、弹药箱、汽油桶等。

　　1938年夏，埃文斯·卡尔逊在吕正操部队中见到了同样的日军军械，后在其书《中国的双星》中详细描述道："我在这里看到了从日军那里缴获的更多的装备，其中包括一个对游击活动极为有用的枪榴弹发射器。这种武器是德式的，有一个掷弹筒，长8.5英寸[*]，筒里有一个由指旋螺丝操纵的撞针，可以上下移动，以调整射程。它大约重12磅[**]，可以发射一颗直径2英寸、高4英寸的炮弹，枪榴弹发射器比掷弹筒大而比迫击炮小。他们用这种武器进行演习，最大射程可达400码[***]，极为准确。"

---

[*]　1英寸=2.54厘米。

[**]　1磅约为0.45千克。

[***]　1码约为0.9米。

1938年3月，安平。汉森在人民自卫军修械所查看自制手榴弹。（编者注：1938年2月，吕正操在安平成立了人民自卫军修械所。3月日机轰炸安平县城，修械所被迫迁至城西北黄城村，人员400余人，月产手榴弹近万枚。）

汉森曾在回忆录中记述道："修械所有120名工人，主要生产步枪、迫击炮、手榴弹、大刀和刺刀。他们将直径2英尺的大铁锅熔化后用于制作手榴弹，一个铁锅能制造20—30枚。我参观期间，修械所每天能生产600枚手榴弹。"

1938年3月，安平。吕正操在向汉森展示自制的地雷，游击队将地雷埋在公路上用来炸毁日军的车辆。

1938年3月，冀中。吕正操带汉森到距离铁路线16公里处
参加群众集会，集会上约有22 000位村民在庆祝胜利。图中村
自卫队的成员手持长矛、火铳等。

到目前为止，"抗日民族战争战地总动员委员会"最重要的工作
是组织村自卫队。村自卫队为年龄在18—54岁的男性提供军训。1938
年春，冀中地区大约有50万村民参加军训。他们配有大刀、火铳、老
式手枪、长矛、手榴弹等。

（编译自1938年9月汉森发表于《太平洋事务》上的文章《中国游击队背
后的人》）

汉森认为这些武器不足以对付日军，但是经过训练的自卫队员成为动
员会的支持者，他们帮助游击队在铁路沿线打击日军。

1938年3月，冀中。群众集会上的学生。

1938 年
3 月，冀中。
儿童在群众
集会上表演
武术。

　　1938年3月，安平附近的群众集会。会场上长矛林立，人头攒动，老少群集，抗日武装发动和组织农村群众之能力可见一斑。图中头戴白毛巾者多为农民，头戴礼帽、瓜皮帽者多为乡绅；右下角旗子上书有"欢迎美国（记者）……"字样。

1938年3月，冀中。群众集会场景。集会上，一名16岁的少年跳上台，带领民众高呼口号"不当亡国奴""打倒日寇""中华民国万岁！"

1938年3月，冀中。参加群众集会的孩子们。

冀中青年有三个组织，学生会、全国青年救国会（15—18岁）和儿童团（8—15岁的男孩）。这三个组织主要做宣传工作，包括演戏、演说、唱歌、喊口号、贴标语等。年轻人在所有的公共集会上表现都特别突出。

（编译自1938年9月汉森发表于《太平洋事务》上的文章《中国游击队背后的人》）

　　1938年3月，安平附近的群众集会。汉森与战士们在观看"火线剧团"的演出。其中一出戏讲述日军士兵企图强奸中国妇女，一个小女孩用菜刀将日本兵砍死；另一出戏讲述一个男孩灌醉日本兵后夺枪将他们击毙；第三出戏讲述村里一个汉奸商贩试图跟日本人合作，被游击队击毙。汉森感觉每出戏都能激励村民去参战。抗日剧与抗日歌曲对鼓舞士气极为重要。

　　图中戏台上悬有中共党旗、中华民国国旗、国民党党旗以及五角星与青天白日相间的旗帜（象征抗日统一战线）。战士们棉帽、单帽混戴，是军需供给欠缺，还是部队并无统一着装要求，不得而知。

1938年3月，冀中。来自北平大学的三位妇女救国会干部。
虽然她们并不直接参战，但也配有轻武器，以防不测。

据汉森记述，妇救会包括所有15岁以上的女性。这个组织的领导人大多是不到20岁的青年女性。她们穿着合身的军装，走村串巷，沿路宣传抗战，并且经常在群众集会上发言。据汉森的观察，冀中抗日领导人希望妇女待在家中务农、养育抗日后代，为前线战士解除后顾之忧，只有少数负责宣传的妇女干部除外。

1938年3月，冀中。
人民自卫军在伏击战
中缴获的日军火炮及
弹药。游击队后来用
这些武器在夜间攻击
日军军营。

汉森回忆一名游击队指挥官曾向他讲述伏击日军的经过："我们获得情报说有8辆日军卡车朝游击区驶来，于是准备对军车实施突袭。我们提前躲在一片坟地里，当第一辆日军军车的前轮被地雷炸毁后，80名日军士兵从卡车上跳下来隐蔽在沟渠里。游击队用了一下午的时间骚扰日军。晚上8点左右，我们向卡车发起冲锋，用手榴弹把残余的日军歼灭。此次突袭获得的战利品包括8辆卡车、5门大炮、800发炮弹和70支步枪。"为了证明这个故事的真实性，这名指挥官挽起袖子，向汉森展示了几枚日本军官的徽章，包括一名少佐的徽章，他将它们缝在衣服上作为纪念。

1938年3月，冀中。人民自卫军展示缴获的日军军械、
马匹。

　　1938年3月，冀中。人民自卫军战士身着缴获的日军军大衣，手持三八大盖步枪摆拍。

1938年3月，冀中。人民自卫军的三个团级指挥官正在研究地图，制定夜袭日军军营计划。

1938年春，冀中地区村镇遭到日军的扫荡，大部分农畜被掠夺。人民自卫军的骑兵用军马帮助农民春耕。

汉森曾在他的文章中提到，他所到之处常能见到游击队帮农民耕地。一位美国传教士告诉他，"卢沟桥事变"后不到一年的时间里，抗日游击队在北平西南方圆100英里的地区所做的慈善工作超过了西方传教团体过去10年工作的总和。

第三章　晋察冀边区之行

（1938年6—8月）

1938年3月下旬，汉森结束了冀中采访回到北平。冀中之行对他震动很大，让他第一次意识到中国仍然有机会夺回失地。不久，汉森受邀再访抗日根据地。1938年5月，吕正操的人民自卫军整编入八路军第三纵队，吕正操任冀中军区司令员兼八路军第三纵队司令员，归晋察冀军区指挥。

1938年6月至8月，在八路军的护送下，汉森开始了对晋察冀边区20多支抗日武装的深入采访。

1938年6月13日，汉森乘坐人力三轮车从保定出发到达约80公里外的张登镇。一路上，汉森看到为了阻止日军的坦克，游击队将道路开挖成很多沟渠，而日军就选择在耕地里开辟新的道路。沿路的村庄以及张登镇都在过去10天里遭到焚烧，当地群众几乎都逃走了。

汉森在日记中写道："从保定到张登镇的路上，我经过了6个村庄，有5个村庄的人几乎都逃走了，只有南蛮营村的村民没有听从游击队的劝告。南蛮营村里有7名游击队员。当日军正从卡车上卸载一门大炮时，身穿便装的游击队员袭击了他们，炸死7名日军，另外两名逃跑了。日军随后展开报复，抓捕了村里18—24岁的26名青年男子，将他们杀害并烧毁全村。我详细调查了张登镇的损失情况。共有214间房屋被焚毁，人

均损失90美元，独栋房屋总计损失19 260美元。镇上的大部
分财物都被烧毁，有几家规模较大的商店，包括一家药店和所
有的药品都被付之一炬，该镇的损失不低于3万美元。尽管日
本人6天前就离开了这里，但至今仍有两处建筑在冒烟。"

（编译自"汉森日记手稿"）

1938年6月，冀中。被日军烧毁的村庄。

1938年6月，冀中。被日军烧毁的村庄。

1938年6月，张登镇。八路军干部（右）与保安队投诚
人员（左）。

　　1938年6月14日凌晨4点，汉森在张登镇唐河附近的八路军指挥部观
摩了部队的军事训练。一名军事教官在训练500名投诚的保安队员，教他
们如何迅速卧倒，同时用左臂抬高枪管以防进土。汉森注意到日军为保安
队配发了精良的武器装备，其中包括30挺机关枪。

1938年6月，张登镇。八路军战士正在进行近距离拼刺练习。

1938年6月，张登镇。八路军战士练习使用捷克ZB-26轻
机枪。

1938年6月，张登镇。八路军战士练习使用汤姆森冲锋枪。

1938年6月，张登镇。图中二四式重机枪仿自德国MG08
重机枪，是中国军队装备数量最多、仿制时间最长的一款武器。

1938年6月，张登镇。八路军战士在练习使用重机枪。

1938年6月，张登镇。八路军战士正在练习使用迫击炮。

　　1938年6月，冀中。八路军游击队破坏桥梁使日军的卡车
和坦克无法通行。与此同时，八路军也组织民众破坏铁路使日
军机动性大大降低。

1938年6月，蠡县。八路军指挥部组织群众集会。

参加群众集会的蠡县模范小学学生神情专注，整装待发。

　　图中是身着统一服装的蠡县模范小学学生。旗上的"五角星"与"白日"代表国共两党组成的统一战线。以此为主题的标语、旗帜在晋察冀边区随处可见。

1938年6月，蠡县群众集会。在教官指挥下参加列队的蠡县模范小学学生。可见准军事化教育已经在抗日根据地展开。

　　1938年6月16日，汉森一行骑马5个小时左右到了近50公里外的安平冀中行政公署。安平，这个当时只有17万人口的内陆小县，成为冀中抗日根据地的发祥地和长期抗战的中心。1937年8月23日，安平县中共党组织奉上级指示，成立了安平县各界抗日救国会。10月，中共安平县委恢复建立。1938年初，抗日救国会改名为"抗日民族战争战地总动员委员会"，简称"动员会"。1938年4月1日，成立冀中行政公署，吕正操任主任。5月4日，成立冀中军区。

　　汉森抵达安平城北门外时，280名军校学员和政治部的数百名学员已在此等候。欢迎队伍护送汉森等人进城，并安排他们住进原河北银行大楼里的三间套房。这三间套房是银行经理的住房，汉森庆幸自己住进了好房子，不料第二天早上灾难降临，银行大楼成为日军空袭的目标。

1938年6月17日，汉森到安平后暂住的河北银行大楼在日军空袭中变为废墟，一名值班警卫遇难。汉森当时刚离开大楼，躲过一劫。这次日军的飞机在安平上空盘旋约15分钟，共投下13枚炸弹，其中4枚击中银行大楼，这显然是一次目标明确的轰炸。

据汉森回忆："晚饭后，吕司令员派车送我们回到银行大楼。我直奔废墟，挖出了我的相机，它仍然挂在我房间的衣帽架上。幸运的是，我的打字机放在另一个行李中，因为马车行驶缓慢，还未送到，否则肯定会在空袭中受损。"

（编译自"汉森日记手稿"）

1938年6月17日，安平遭遇日军空袭，地面被炸出一个
深坑。

有一枚炸弹落在学校大楼的院子里，两个月前，那里曾是游击区
的中央医院。炸弹弹坑约25英尺宽，9英尺深，估计每颗炸弹重约50
磅。这次空袭炸毁了8栋房屋，令人欣慰的是伤亡很少，只有1人遇难，
10人受伤。下午飞机又来了一次，所有人都逃到田里，这次飞机没有
投炸弹。

（编译自"汉森日记手稿"）

1938年6月，安平。军民在清理日军轰炸后的废墟。

　　1938年6月18日，安平。冀中军区"动员会"的5名女宣
传员。五角星代表中共抗日力量。

　　6月18日，吃过早饭，我的翻译请来5名从北平来的女宣传员，她们都是中学生，3位长得很漂亮。虽然这里的粗茶淡饭难以下咽，而且只能睡在地上，盖着有臭虫的毯子，但她们的精神状态很好。其中3个学生是背着父母离家出走，投奔游击区的。

　　中午我采访了冀中行政公署的副主任，26岁的李耕涛。他清晰的思维给我留下深刻的印象。但他承认，他还缺乏经验，遇到新问题常请教吕司令员。

　　下午，我到安平县教师暑期班与接受培训的180名男女教师座谈。他们整理了20个问题进行讨论，其中13个与国际关系有关，可见游击队的宣传活动着重强调国际统一战线。而我认为国际统一战线在目前只是一种奢望。世界列强，包括苏联和资本主义国家只关心自己的利益。

　　　　　　　　　　　　　　　　（编译自"汉森日记手稿"）

　　汉森还在日记中提到，在与游击队的接触中，人们经常问他："苏联是否会很快对日宣战？"

1938年夏，冀中的学生兵。

1938年6月，安平。宣传壁报。黑板上书"安平县立完全小学壁报"。此类黑板报是政府向民众宣传抗战的重要媒介，内容包括国内新闻、国际新闻、战况等。壁报上书："国内新闻，洛阳二十八日电……"

1938年6月，安平。修械所工人在检视大刀的锋利度。

1938年夏，晋察冀根据地干部。

1938年夏，晋察冀根据地干部。

　　1938年6月19日，安平。吕正操手持一支枪，左手指间是可以点燃远射的双响爆竹，北方俗称"二踢脚"。冀中地区制作"二踢脚"历史悠久，据河北方志史料披露，抗战时期人们曾用"二踢脚"报警、发信号、吓唬敌人。

6月19日早上，我们乘坐吕正操的汽车来到安平城外的司令部，我们与吕正操司令和军区政委交谈了5个小时。当谈到八路军军事组织架构时，他们有些闪烁其词。但谈到国际统一战线和国共统一的未来时，他们就打开了话匣子。

（编译自"汉森日记手稿"）

我们冀中的武装力量现在控制了平津铁路间8000平方英里*的土地。虽然在日军控制的铁路包围中，但是我们通过演讲、抗日演剧队、日军暴行海报、乡村报纸和4200所学校发动了1200万人。人们同仇敌忾，抗日情绪高涨。在政治层面，我们已经打败了日本。在过去6个月中，我们的游击队通过伏击和狙击歼敌2400人，但是整个军事形势进入胶着状态。日军加强了对平汉铁路的防卫，他们在每一个火车站都用沙包筑建了工事。如果游击队要占领一座火车站，需要付出巨大的代价。但日军也无法进入游击区，因为我们摧毁了所有的公路。每一座火车站方圆10英里外都有游击队在监控，中日两军都在试用新的战术。

因为日军不敢出来夜战，游击队正在试验夜间炮击敌人军营。吕正操笑着描述了一次夜袭：有一天夜里，游击队拖着一门缴获的日军大炮来到了保定郊区。他们朝保定火车站开炮。很走运，炮弹击中了日本宪兵司令部，当场炸死5人，其中包括宪兵司令。另外一种战术是射杀铁路沿线城镇外的日军哨兵。吕正操说，在过去的3个月中，游击队曾经18次偷偷接近北平城墙，平均每次干掉3名日军士兵。这类夜袭导致日军士气逐渐低落，几近崩溃。他们每次只派几十个人，

---

* 1平方英里约为2.59平方千米。

但日军军营整晚都不得安宁。

游击队破坏铁路并不成功。1938年5月徐州会战中，游击队连续18天夜间破坏铁路。但第二天早上，日军工兵用几个小时就修复了。游击队没有爆破力很强的炸药，他们只能通过拔道钉来破坏，最严重的一次破坏也就使铁路关闭了12个小时。如果他们集中全部游击队的力量来破坏铁路，或许可以使日军的交通线瘫痪，但目前他们认为这种骚扰战术更成功。他们正在组建一支破坏铁路的特工队，北平来的一批化学系教授正在研发自制炸药。日军曾经四次进攻平汉铁路以东45英里外的游击队总部和兵工厂，但每次游击队都能避开和他们的正面交锋，而从后面发起进攻，最后日军只能撤退。日军曾两次使用飞机和坦克，但对于隐藏在青纱帐里的游击队狙击手作用不大。为了防止日军占领有城墙的城镇来作为他们的据点，游击队决定将冀中大部分城墙拆毁。现在，献县（北平城南140英里处）拆墙的工作已经开始了。遗憾的是，随着那些古老的城墙和城门楼子被拆毁，那些灿烂辉煌的文化遗产也消失了。

日军的弱点在于他们的间谍网，这些间谍全是中国人。游击队已经逮捕处决了100多名汉奸，同时也发展了一批双料间谍，获取敌军情报。吕正操举例说明了日军情报系统的日渐削弱。1938年6月17日，日军空袭游击队总部。日军的13枚炸弹都投在了一名和游击队毫无关系的富人的住宅上。军区总部、兵工厂和军校都毫发无损，唯一受损的就是军区的银行大楼。

吕将军总结说，日军无法通过饥饿把八路军逼离这个地区。他们已经把70%的棉花地改种了小麦。今年6月，河北获得了史无前例的粮食丰收。正如印度甘地的"不合作主义"使英国驻印企业瘫痪一样，他们的游击战术最终也会让日军疲于应对。只要游击队控制了铁路间的所有地区，日军就无法收税，无法获得食物、矿物、棉花等。即便他们付出昂贵的代价占领中国，也无利可图。从长远观点看，如果没有贸易，铁路用处是不大的。在他们控制的乡村地区，农民是自给自足的。游击队的骚扰和经贸抵制，最终会使日军的侵华计划彻底破产。

（编译自汉森发往美联社的新闻稿《游击战术》，1938年6月）

午餐后，我们去了附近村庄的一个抗战刊物（编者注：《战线》，创刊于1938年2月20日，为中共晋察冀省委机关刊物）编辑部。这份杂志目前是第5期，发行量是5000份，编辑人员包括记者超过30人。返回行署总部前，我们去见了4名日军战俘。其中一位拒绝见我们。有一位性情比较温和。他是4月在石家庄附近被俘获的。当时他驾驶一辆陆军军车，车上其他人都被游击队员击毙。这名战俘是一位机械师，受过良好教育，曾经在台湾待过，能讲中文，也会一些英文单词。我问他是否愿意回家，他却说中国现在就是他的家，战后也不可能回到日本。6月20日中午，一群人来我们这里吃午饭。其中一位讲话滔滔不绝，他1933年毕业于辅仁大学，现在负责经济。我感觉此人是个书呆子，他可以与你讨论纽约证券交易所的运作情况，却对根据地马匹的价格知之甚少。

（编译自"汉森日记手稿"）

　　1938年夏，冀中。为了防止日军占领城镇后设置据点，冀
中军民在拆除城墙。

　　1938年6月20日午后，汉森和翻译散步到田间，与在田里劳作的老农交谈。其中一位是村长，虽然没有读什么书，但脑子很灵活。这些人对游击队有些不满，主要觉得他们不该增税。汉森问他们为什么恨日本人，老农说日本人除了抢钱，还杀人放火、强奸妇女。而中国的土匪除了抢钱不干别的，日本人比土匪还坏。当汉森提出为他们拍照时，其中一位老农让他的同伴去拿一个筐来，另一位老农则把锄头扛在了肩上。

　　从田里回来没多久，汉森见到了一位年轻的"动员会"的干部。当问到他们是否知道群众对边区政府的意见时，他回答绝对没有。汉森认为，"显然，这个人的耳朵没有贴近地面"。

（编译自"汉森日记手稿"）

1938年6月21日，汉森、翻译和4名护送警卫骑马离开安平，去35公里外的安国。

　　1938年6月，从安平到安国的路上，经过村庄时，汉森都
能见到八路军的墙报。此时只有老人留守在村子里，年轻健壮
的都在田里干农活。

　　图中墙报上写着："3.旧金山廿日合众电，此间为救济中国
战区难民举行节食……"

　　1938年6月21日，汉森到达安国南郊，见到的是一座被焚毁的城镇，电话线和玻璃碎片散落一地，大家不得不下马步行。远处门洞上方的横幅上写着"护兴民族"。

1938 年 6 月，安国南门外，一排被日军烧毁的建筑。

1938年6月，冀中。祖孙3人站在被日军烧得面目全非的自家屋前。

1938年6月，河
北安国县村镇被日军
轰炸后的情景。

图中数名穿长衫
者为调查人员。

1938年6月22日，我们在安国展开调查，走访每家店铺，了解他们的损失，希望能得出准确的调查数据。短短两小时内，我们便收集了被日军抢走的价值3800美元的物资清单。总之，损失远远超出我们的统计。一些屋主仍然在冒烟的废墟里寻找有价值的东西。所有店家都证实抢劫和杀人的是日本人，而非保安队。不久，听到一个好消息：被日军抢劫后准备运走的53辆马车的货物，在安国以西13里[*]处被游击队截获。但很不幸，那53辆马车的货物及马匹后来被定州的农民偷走了，游击队不得不劝说他们物归原主。

（编译自"汉森日记手稿"）

日军撤离安国时留下了20支木枪和大量的鞭炮，驻守安国的八路军指挥官沙克向汉森介绍说，日军中有一批新来的学生兵，军方并没有给他们配备真枪，他们用携带的木枪来吓唬百姓，并且在战斗中使用爆竹。汉森虽然觉得不可思议，但确实见到了木枪和鞭炮。

驻守安国的一位郭姓指挥官带汉森等人去了西郊一座天主教教堂，他们对游击队非常友好。日军第一次来到安国就展开了对教堂的攻击，曾经有13颗炮弹"不小心"掉进了包括教堂、修道院、修女院和神学院在内的教堂院落，整个大院弹痕累累。比利时神父告诉他们，日军每天都到教堂来。在教堂的印刷间里，日军发现了20个"敌"铅字后大发雷霆，一名日军军官拿出军刀，将座椅、果树、蔬菜破坏殆尽。最后日军提出让教堂提供蔬菜的要求，比利时神父按自己定的价格（1颗白菜2美元）要求日军购买。

在安国，汉森还见到了日军的宣传海报和标语，游击队返回安国的第

---

* 1里＝0.5公里。

一天就撕掉了这些标语和海报。其中一张宣传单上写着"每一百张传单中附有一张1美元的现金钞票，请多多收集"。另外还有一些相互矛盾的标语，例如："如果安国人继续帮助游击队，日军将带来更大的灾难"，"日军正做出巨大的牺牲帮助中国人"。可见日军在游击区采取了两手政策。那么，日军的恐吓宣传是否减少了农民与游击队的合作呢？汉森认为恰恰相反。一位英国传教士告诉他："日本人来时，中国人很沮丧。游击队来时，大家都很高兴。"

6月24日，因为天气太热，汉森一行准备傍晚6点再出发。在等待的时间里他与沙克等人聊到边区的群众运动。沙说，这项工作很困难，但进展还算顺利。这期间，他带汉森去见了投诚的保安队员，他们现在为游击队工作，其中几人颇具领导力。听他们说，定州的保安队长可以每月拿到700美元的工资，除此之外，队长还有住房补贴以及从保安队员身上榨取的兵饷。他们认为保安队长是彻头彻尾的汉奸，只有底层的官兵才是真正愿意投诚的人。

从保安队那里，汉森证实了日本人在战斗中大量使用烟花爆竹这一信息。不过，他们无法证实日本学生兵用木制假枪。这批木制假枪有20支，都仿自日本步枪。游击队指挥官还说，日军还将橡皮人放在汽车上迷惑游击队，可惜没能拍到实证，否则照片会上报纸头条。

6月25日，汉森应吕正操的建议，为抗日期刊《火线》写了一篇文章，主要谈当前国际关系对中日战争的影响。傍晚，汉森一行向唐县出发。他们花了72小时才越过平汉铁路，这也是他们第一次穿越日军占领的铁路线。随行队伍中还有33名从安平来的政治学员和55名步兵。他们带着步枪、大刀和手榴弹，这次不能骑马，只能步行。经过几天艰苦的跋涉，6月28日，汉森一行到达位于唐县附近的第三军分区总部。

1938年6月28日，在晋察冀边区第三军分区总部驻地外聚集了欢迎汉森的队伍，有学生、宣传员、5000多位村民和7000多名八路军，整个欢迎队伍长达3公里。战士们还用树枝搭建了一个拱门，上面写着"欢迎外国记者"。

　　1938年6月28日，唐县。晋察冀边区第三军分区总部。这里到处贴着抗日标语，政治部还沿路张贴了数百个英文标语。上图为："Protect the anti-Japanese national united front!"（共同保卫全国抗日统一战线！）

　　1938年6月28日，唐县。晋察冀边区第三军分区总部。中英文抗日宣传标语："Japan is the bandit of the world!"（日本是世界强盗！），"Go and fight for your country. Win or die"（为国家进行生死之战），"实现共产党的抗日救国十大纲领"，"拥护十大队，坚决抗战到底"。英文标语看似是刚刚张贴上去的，明显是由于汉森的到来。

　　1938年6月28日，唐县。晋察冀边区第三军分区总部。墙上张贴的欢迎标语意为："欢迎汉森先生！欢迎美国记者！中国万岁！美国万岁！"

1938年6月，唐县。第三军分区总部的小游击队员们。

6月29日下午6点，我参加了游击队的会议，还做了简短发言。游击队要求我唱一首歌，我把美国歌曲《谁怕大灰狼》翻唱成了《谁怕小日本》。会后看了部队的演出，有几出戏剧和舞蹈。我第一次见到埃德加·斯诺描述的红军女兵合唱团，她们着装极富喜感，有的穿着红白相间的棒球服，有的穿着晚宴礼服和白裤子，有的穿着希腊舞娘的裙子。台下掌声、欢呼声雷动。夜里我走到户外呼吸新鲜空气，听到两位14岁左右的小游击队员在激烈辩论未来中国政治形势的发展。

（编译自"汉森日记手稿"）

1938年6月，冀西。八路军营地里的号兵，他们多为军中的红小鬼。

1938年6月，冀西。八路军营地里的红小鬼。他们一般担任勤杂工作，如后勤、送信、司号等。

1938年6月，冀西。八路军射击训练中负责更换枪靶的
红小鬼。

1938年6月，冀西。八路军红小鬼手拄一把平型关战役中缴获的日本军刀。

1938年6月，冀西。吃饭的红小鬼，用来当饭碗的茶杯被穿绳套在了脖子上。红小鬼自称脚上穿的草鞋是自己编的。

　　1938年6月底，唐县。7500名八路军在第三军分区总部进行为期4天的训练和讨论会，准备在7月7日为纪念"卢沟桥事变"周年搞突袭。第三军分区司令陈漫远授权汉森为准备夜袭日军铁路线的突击队员拍照。

　　夜袭队配有三十节式重机枪。三十节式重机枪的原型是美式勃朗宁M1917水冷式重机枪。由汉阳兵工厂仿造，其水冷套由黄铜打造，遂得名"老黄牛"。初期制造时，月产量只有几挺，抗战全面爆发后，增至每月25挺左右。

1938年6月底，冀西。八路军战士正在进行军事训练。战士们手持汉阳兵工厂产的"汉阳造步枪"。

　　1938年6月底，冀西。八路军手枪队正在训练。驳壳枪、手榴弹、大刀是战士们的基本武器配置。除了少数战士仍穿草鞋外，大部分战士都穿布鞋。可见军队补给要好过冀中地区的八路军。

1938年6月底，冀西。八路军战士正在进行立射冲锋枪演习。

1938年6月底，冀西。八路军战士正在进行蹲射冲锋枪演习。

　　1938年6月30日，唐县。汉森采访第三军分区总部的司令陈漫远和政委王平。陈漫远比较内向，话不多，但回答问题却很坦率。王平来自城市，非常友善，是一位优秀的理论家。整个采访报道持续到凌晨1点。图中为陈漫远（右）和王平（左）。

7月1日早上8点，政委王平把他的马借给我，另外派了8名骑兵护送我去阜平。学员、战士一字排开2英里为我们送行。马队一路向西，沿路的村庄在今年的二三月间被日军烧毁。田野边的村庄现在只能隐约看到轮廓，留下一堆烧黑的泥墙和灰烬。此时正值农作物生长期，农民们没有时间修葺房屋，所以大多住在山洞里，有的甚至露宿田野。

中途我们在一个小村庄休息时与当地老人闲聊。他们说所有家当都没有了，重建一间房子需要70美元。我问到粮食供应状况，他们说去年10月将收割的粮食埋起来了，今年3月日军进犯前挖了出来，总共损失了几担小麦。现在又到了收割季节，夏天应该不会饿肚子。他们还聊到因为大多数村民逃到了山里，所以遇难的不多。我们了解到，日军使用一种特殊的化学物质焚烧房屋，他们只需几分钟就能烧毁200到300间房屋。我们今天经过的最大的一个村庄损失1400间房屋，价值约9.8万美元。

月夜时分我们到达阜平，大批民众提着灯笼出来欢迎我们。

（编译自"汉森日记手稿"）

1938年7月1日，政委王平派了骑兵小分队护送汉森一行去阜平。

1938年7月，担任护
送任务的骑兵小分队。

　　中国历代对养马业很重视，蒙古马早已分布到广大北方农村。蒙古马
体型较矮小，耐力好。抗日战争中，蒙古马是八路军使用的主要马匹。八
路军轻骑兵身背步枪、子弹袋、长柄大刀。由于旅途中已有人打好前站并
安排好食宿，所以部队无须携带食宿用品。

1938年7月，去阜平的路上。汉森一行两次过河时均见到了3个月前被日军扔在河里的村民遗体。

八路军轻骑兵经常担任护送人员和弹药车队的任务。如果护送人数不多，可日行120里。如果护送弹药车队，则可日行60到90里。

7月2日上午，阜平县长和冀西政治部主任张苏来访。县长26岁，1934年北大毕业，主修英国文学，讲一口标准英语。我了解到这些大学生多在边区政府任职。县长不是共产党员，战前没有任何政府工作经验，但他很努力，学得很快。

张苏主任是晋察冀边区行政委员会委员之一。 他今年37岁，毕业于北京师范大学，战前担任陕西临时政府书记。在这次旅行中，张先生是我见过的最有魅力的人物。交谈中感觉他很有耐心，很坦率，从来不争辩，总是用平静而不张扬的语调与人们讨论问题。他的这种态度获得了大家的尊重。

午餐后，我见到一群人牵着马从街道上走来，其中一位身材高大，穿着马靴、猎装外套，戴着一顶破烂的遮阳帽。他见到我的第一句话是："欢迎你，利文斯通*，当地人待你如何？"这人便是美国海军陆战队军事观察员、美国驻华使馆武官埃文斯·卡尔逊，跟他一起的是3名延安抗大的学生，其中一位是翻译。

在接下来的12个小时里，我与卡尔逊进行了深入交谈，这对我来说很有收获。从他那里我知道八路军正规部队有3个师，1.5万人，由中央政府派发军饷。实际上在红色政权控制下的正规军有4.5万人，游击队有20万人。游击队的装备一般，经验也不足，但他们作为未来中国革命中的潜在力量不可忽视。卡尔逊认为边区政府是联合政府的一个实验，也可考验国共两党是否可以合作。

---

* 编者注：卡尔逊用 David Livingstone（英国探险家之名）代指汉森。

　　我又问了他对延安共产党人的印象。他说贺龙十分健谈，是一个有勇气、有决心的人，他的部队跟他如出一辙；他认为毛泽东是一个梦想家，一个天才，已经跨越时代50年。卡尔逊认为，毛泽东是他见过的最无私的人；朱德是他最喜欢的"红军统帅"，他形容朱德具有"林肯的谦逊、格兰特的坚韧和罗伯特·李的善良"。

（编译自"汉森日记手稿"）

卡尔逊曾三次使华。1937年，他第三次来到中国，担任军事观察员。在八路军游击队带领下，徒步、骑马穿越中国华北、西北数千里，到达延安，并见到了毛泽东、朱德、周恩来和邓小平等人。八路军游击队抗击日军的战术给他留下了深刻的印象。二战中，卡尔逊指挥的"卡尔逊突击队"（Carlson's Raiders）曾运用中国游击战术予以日军重创。

1938年7月2日，汉森与卡尔逊在阜平相遇。墙上有中英文标语："Welcome the American Attache! 欢迎美国参赞！"汉森本打算在另一幅写着"欢迎卡尔逊同志"的标语下为其拍照，被他委婉谢绝。理由是美国政府认为他已经"变红"了，如果照片发出去，就会变成实证。

1938年7月2日，阜平。墙上的标语为："Welcome the
American journalist giving us instruction & help. 欢迎美国记者给我
们指导与帮助"，"...Enlarge the military region... (Hopei)，Shansi
& Chahar. 扩大冀晋察军区"，"抗日高于一切"。值得注意的是
抗战初期，"晋察冀军区"也曾被称为"冀晋察军区"。

　　1938年7月，阜平。站在"阜平县第四区妇女抗日救国分
会"门前的民兵。此地的民兵配有"汉阳造步枪"。

　　7月3日，我们离开阜平前往龙泉关。沿途经过一些村庄，这里的村民很贫穷，他们只能在山坡上仅有的几块地里耕种。如果日军入侵这里，烧毁房屋，可能几代人都无法恢复。下午两点钟，我们到达龙泉关，这里是河北与山西交界的重要关口。城西6英里的地方便是长城隘口。当地负责人把我们带到龙泉关的城墙上，给我们讲述了1924年张作霖和阎锡山在此作战的情景。

（编译自"汉森日记手稿"）

　　1938年7月3日，汉森一行离开阜平前往龙泉关。图中小分队骑马行进在一条山崖小径上。

1938年7月3日，龙泉关。

1938年7月4日，汉森一行行进在通往五台的山路上。

图为晋察冀边区行政委员会主任宋劭文。

1938年7月4日，汉森到达五台晋察冀边区政府。自从3月日军对阜平实施"三光政策"以来，边区政府总部便搬迁到五台地区的村子里，日军飞机很难从空中发现目标。

边区行政委员会主任宋劭文在总部接待了汉森。宋劭文，29岁，1933年加入中国共产党，1935年毕业于北京大学历史学专业。毕业后担任太原学校的老师，后来加入"山西人民评议会"，阎锡山委任他为省政府秘书。汉森认为宋劭文跟阜平的张苏一样，是一个态度平和、诚恳，很有教养，说话慢条斯理，富有耐心，从来不与人争辩的人。

交谈中，宋说道："我们的政治目的是要建立一个民主社会的示范。边区行政委员会里有不同政党的代表，地主和佃农同时在我们的经济委员会工作。我们的政府官员也包括不同宗教的代表，如佛教、伊斯兰教、喇嘛教。边区政府自1938年1月成立以来所做的工作已经超过了此前军阀政府10年的工作量。现在边区政府已经有了自己的银行、邮局、邮票、货币，还有1万英里的邮政路线和8000英里的电话线，我们还有几份官方报纸，并且控制了这一地区的所有进出口业务。"

（编译自汉森发往美联社新闻稿《晋察冀边区政府》，1938年7月）

汉森注意到边区行政委员会人员的平均年龄只有32岁，这与北平日本傀儡政权的官员平均年龄64岁形成鲜明对比，而且他们还心甘情愿地过着方济各会苦行僧般的生活。例如，宋劭文管理着1200万人，但他的月收入只有3.6美元。

我在边区政府总部的第一晚遇到两位加拿大来的外科医生，我跟其中一位待了一夜，他就是白求恩。他今年48岁，身穿八路军的制服，脸上常带着友善的笑容。白求恩是加拿大共产党员，之前在马德里的医疗队工作了7个月，现在被纽约中国援助委员会派到中国，为抗日军民服务。

我与白求恩大夫聊红军和共产主义一直到深夜。他曾患肺结核，生病期间发生的一系列事件使他成了一名共产党员。白求恩曾经起草了一份治疗肺结核的国家健保计划，由政府主导并负责财政支出。但该计划遭到了加拿大医疗协会的否定和政府的嘲讽。因此，他相信此类计划只有在社会主义而非资本主义制度下才能实现。于是，他辞去蒙特利尔圣·詹姆斯医院外科主任的职务，潜心研究、传播社会主义及社会主义制度下的医疗服务。

白求恩对我个人进行了一番分析，他认为我是一个自由派人士，代表了世界上最大的资产阶级新闻机构。白求恩说："我们共产党人期待像你这样的人，能据实报道和提供一个平衡、中立的角度。我们工作中的不足显而易见，但我们的宣传报喜不报忧，所以希望像你这样的中立人士把共产党的正反两面都展现给世人。"

白求恩还谈到了中共在五台地区的工作，他总结如下：中共把所有的行政管理工作交给了国民党和非党派人士，尽量打消人们对中共有政治野心的疑虑。但实际上，中共已牢牢地掌控了群众运动，而群众就是中共未来的政治力量。

（编译自"汉森日记手稿"）

1938年7月5日，汉森采访晋察冀军区司令员聂荣臻。

聂荣臻34岁，个子不高，穿着得体，脚上穿着一双缴获的日军军靴。谈到当前形势时，他说："我们与日军作战一年了，从政治上我们已经战胜了日本。接下来，我们要在军事和经济上拖垮日军。游击队的主要任务是保卫日军控制的铁路间的抗日政权，不让日军收税，不让日军发动中国武装打中国人；在游击区抵制日货，使日军无利可图；炸毁日军控制的煤矿；烧毁铁路沿线日军的棉花供给。开战一年来，游击队已经收复了75%的失地。听起来也许不可思议，实际上游击队的控制区已经到达了北平城外10英里处。"

聂荣臻谈到了八路军微不足道的收入，作为军区司令他的月收入是1美元，校官是80美分，普通士兵是20美分。聂说："我们只从边区农民处收取少量税款就能够应付部队的开销。"

谈到领导权的问题时，他答复说："八路军在政治和军事领域没有决定权，所有的命令都来自代表蒋介石的战区司令阎锡山将军。"

（编译自"汉森日记手稿"及汉森发往美联社新闻稿《中国的民主》，1938年7月）

　　7月6日，我从驻地骑马25里到军区政治部，政治部主任舒同接待了我。他身高5英尺，穿5号鞋。当他走进房间时，我以为他是个小八路。我们的采访非常困难，因为口译员英语水平很差，而且我对中国政治术语的了解有限。

　　这次采访结束后，我接受了来自汉口的报社记者采访。他们问我对统一战线的态度。我告诉他们，国民党内有几十个派别，其中一些派别愿意与共产党合作，有些派别不愿意合作。因此，只谈论国民党的态度是把问题简单化了。国民党没有任何态度，非要提态度，那就是一个政治观点的大杂烩。

　　在政治部我见到了接受再教育的15名日本战俘，这是整个旅程中最有趣的事情之一。他们居住的房子由一名持枪士兵守卫，这15名战俘盘腿坐在炕上，面前放着书籍和笔记本，他们正在认真讨论当天的学习课程。有些战俘已经待了几个月了，他们有的穿着自己做的日本和服，有的穿着没有徽章的八路军制服，只有一个人穿着日军军服，此人两天前才被俘虏。每天早上政治部派人给他们上课，讲授日本历史、社会主义史并讨论一些社会问题。下午是自由讨论时间，由战俘自己主持讨论，每个人都可以对问题表达自己的观点，然后彼此交换意见。

　　我透过窗户见到他们正在认真严肃地讨论。因为我的到来，讨论终止了。我向他们提了一些来华的问题，他们否认是效忠天皇自愿来到中国，说是被迫来的。有些人对来中国很反感，所有人对来华后分配的任务感到厌恶。他们认为大多数日本士兵都不愿意焚烧中国村庄，但由于长官的命令，他们不得不服从。八路军接待人员告诉我，有些战俘被改造得很彻底，已经开始为八路军写反战宣传材料。另外一些人也在逐渐改变，总之，所有人都有进步。

（编译自"汉森日记手稿"）

　　1938年7月6日，汉森在五台的晋察冀军区政治部采访日军
战俘。图中是经八路军教育改造后的战俘正在编写反战宣传材
料。这位战俘身着八路军军服，看上去与中国军人无异。

1938年7月7日，为了纪念"卢沟桥事变"一周年，晋察冀边区军民在晋察冀军区司令部所在地五台金刚库村举行了"边区各界纪念抗战一周年暨追悼阵亡将士大会"。为了避免日军空袭，集会在杨树林中举行，有数千人参加，包括八路军、农民和学生。

　　1938年7月7日，五台。"卢沟桥事变"周年纪念大会上的
学生和军人在高唱抗日歌曲。

1938年7月7日，晋察冀边区军民举行集会纪念"卢沟桥事变"一周年。图中可见各类标语："民族先锋""为国牺牲""为国捐躯"等。集会上还演出了以抗日为主题的节目。

　　雨下得最大的时候，我看到一个红小鬼以标准的立正姿势，抬头挺胸站在雨中，对着那些在台下躲雨的小八路们喊道："出来！你们要有点八路军的样子！"

（编译自"汉森日记手稿"）

1938年7月7日，晋察冀边区军民举行集会纪念"卢沟桥事变"一周年。

　　聂荣臻将军演讲了一个半小时后开始下雨，宋劭文征询是否推迟集会，群众表示宁愿被雨水打湿，也要继续开会。中共代表也参加了集会，并演讲了45分钟。我是最后一个发言人，我只说了五句话便坐下了，会议到此结束。

（编译自"汉森日记手稿"）

1938年7月，晋察冀边区的农民自卫队在接受检阅。

1938年7月，晋察冀边区人民武装自卫队队员正在演示自制的黑火药单发火枪的使用方法。

1938年7月，晋察冀边区人民武装自卫队队员手持大刀、战斧，腰间别着自制手枪。

1938年7月，肩扛火铳的晋察冀边区人民武装自卫队员。

　　1938年7月，晋察冀边区村民用寺庙的铜钟发送空袭警报。
当时在没有空袭预警汽笛的情况下，人们因地制宜，利用旗帜、
彩球、古钟预报敌机飞临。

1938 年 7 月 9 日，五台。汉森采访妇女救国会的负责人刘光运。

　　7月9日，吃过早饭，我在离边区政府不远的一个村庄采访妇女救国会的负责人刘光运。这位女士22岁，来自北平，穿着很朴素，她显然比我在冀中见到的其他北平来的女孩更能适应这里的环境。在边区，一个外国男人和一个中国女人走在一起非常罕见。在带我去村里拍照的路上，有几次遇到村民紧紧地盯着我们看，刘女士脸就红了。

（编译自"汉森日记手稿"）

　　刘光运，山东蓬莱人，曾就读北平的中国大学并参加"一二·九学生运动"。抗战全面爆发后她前往河北阜平，担任晋察冀边区战地总动员委员会阜平县分会妇女部长。其主要任务是"发动妇女支援前线"，具体工作包括为战士们制作鞋袜，在路口担任警戒，为伤员准备绷带，等等。

　　刘光运向汉森介绍，华北地区有8000个妇女组织。有一次某妇救会搞了一场妇女竞赛，看谁能一夜间在平汉铁路沿线锯倒最多的日军电话线杆。结果，两个17岁的女孩不但一夜间锯倒了36根电话线杆，而且还把电话线运到了当地游击队。以前八路军会按价收购电话线，每磅40美分。后来因为妇女带来换钱的电话线太多，部队已无力支付。

1938年7月9日，五台地区妇女救国会成员在为军队缝制布鞋。妇女救国会除了为部队做鞋子、被服，还开办妇女扫盲班并开展抗日宣传工作。

1938 年 7 月 9
日，五台地区妇女
救国会的扫盲班。
图中16岁的老师
（左一）正在给大家
讲课。学生年龄不
等，有儿童、中年
妇女，也有小脚老
人，或许祖孙三代
同堂上课。

1938年7月，晋察冀边区的儿童团。儿童团的主要任务是
站岗放哨、传递信件、慰劳伤员、慰问军属等。

1938年7月，晋察冀边区手持自制武器的儿童团员，他们负责检查路条。

1938年7月，晋察冀边区手持大刀的儿童团员。

1938年7月9日，五台附近的群众集会。

从村子回总部的路上，我见到了一个群众集会（编者注：青年抗日先锋队）。集会成员每人都戴一顶草帽，用"草帽大队"称呼他们更确切。他们4人一排，唱着抗日歌曲，偶尔喊着"一、二、三、四"的口号，这种场景让我感到很振奋。集会约有上千人，大多数人手持长矛坐在地上，围成一个半圆形。50面红色或蓝色的旗子迎风飘扬。我没有时间停留，只拍了几张照片。

（编译自"汉森日记手稿"）

1938年7月9日，五台附近的群众集会，汉森戏称"草帽
大队"。

1938年7月9日，五台附近的群众集会。人们坐在地上，围成半圆形。会场上可见国民党党旗和社团组织机构的旗帜。

7月9日傍晚，我在河北村的战地医院见到了白求恩大夫，他亲自出来迎接我。第二天早餐后，白求恩带我去参观他的医院。医院设在村民家的院子里，有一间手术室和厨房。手术工具放在一个大铁锅中消毒，手术室有一扇窗户，一张桌子，四周用白布围起来，没有电，甚至没有燃气。环境非常艰苦。

病房里的伤病员看起来很憔悴，脸颊凹陷。他们没有医院病号服，其中许多人连毛毯都没有，砖头就是他们的枕头。他们肩并肩躺着，有时候10人一个炕。我们去看望了一位18岁的八路军战士。他的腿骨被机枪子弹完全击碎。这名战士不愿意截肢，为此闹了一个礼拜，理由是"我一条腿怎么跟日本人打仗？"最后医生承诺帮他在总部找份工作，他才同意接受截肢手术。

白求恩来此之前，这个地区一个外科医生也没有。他从美国带来一个简易外科手术箱，我问他："你来之前，这些伤员是如何接受治疗的？"白求恩说："他们要么活下来了，要么就是一死，所有内伤都是致命的。胳膊和腿上的枪伤一般一年能恢复，如果精心照料，几个礼拜就好了。"

（编译自"汉森日记手稿"）

1938年7月10日。白求恩和另一位加拿大外科医生理查德·布朗与五台县耿镇河北村医院工作人员合影。

布朗毕业于多伦多大学医学院。1930年受聘于河南圣公会，从事医疗、传教工作。1938年赴延安，担任白求恩的翻译兼助手。1938年5月2日与白求恩离开延安赴山西五台县晋察冀军区松岩口国际和平医院工作。1939年在山西辽县创办晋东南国际和平医院。1941年珍珠港事件后，布朗参加了英国驻印远征军的工作。

河北村是晋察冀军区卫生部和后方医院所在地。白求恩和布朗1938年越过同蒲铁路日军封锁线，从延安来到五台。1939年11月白求恩在晋察冀边区战地做手术时，不幸感染，因公殉职。毛泽东撰写《学习白求恩》一文，后改为《纪念白求恩》。

1938年7月10日，五台县河北村医院。图中可见年约10岁的红小鬼也参加了野战医院的医疗救护工作。

1938年7月10日，（从左至右）白求恩、汉森、布朗在五台
县河北村医院。汉森脚上穿的布制凉鞋是聂荣臻赠送的。

1938年7月10日，布朗（左）和白求恩（右）在五台县河北村医院。

7月11日早上5点45分我们离开河北村。在接下来的两周里，我与布朗医生一起前往山西南部会见朱德。布朗33岁左右，身材消瘦，中文讲得很好。战前他曾在陇海铁路沿线担任传教士。布朗自愿到八路军中当外科医生。他为人很平和，但有时候会表现出烦躁，因为每天的工作强度太大，过于劳累。在过去两个月中，他每天要做八个大手术。

聂荣臻将军送了我一双布制凉鞋。我穿着这双鞋，倍感自豪。八路军都穿这种由碎布编织而成的鞋。它们虽然轻便，但有个缺点，容易使脚磨出水泡。为了防止磨泡，我穿了两双袜子。我一定要带十几双这样的鞋子回美国，它们很适合在家里穿，另外能唤起我在中国的回忆。

（编译自"汉森日记手稿"）

　　1938年7月11日，汉森一行在前往晋南的路上遇到盘查路条的儿童团。骑马者是布朗医生。布朗的马是八路军的战利品，名叫"昭和"。

1938年7月中旬，汉森一行前往晋南途中穿过干涸的河道。

1938年7月中旬，汉森一行经过长城隘口。

1938年7月下旬，晋察冀边区，滹沱河上的船工。在12天的行程中唯一让汉森印象深刻的是这位撑船的船工头。

　　这位撑船的船工身材魁梧，健壮如牛。当他赤裸上身站在39英尺长的船尾处撑船时，他的胸肌突出9英寸，小腿肌肉绷得像古希腊的瓮。他红扑扑的脸上总是布满了笑容，在所有船工中他最乐于助人。当船无法靠岸时，他总是第一个跳出来背老妇人过河。上岸后，我给了这位撑船的船工2美元。他开始拒绝，并说："我没干什么。"我坚持了很久，他终于收下了。我对他说："你们每天都吃很多苦，今晚可以吃肉了。"看着他们拖着船慢慢往上游去，我想11名船工都会很高兴，因为今天得了2美元。

（编译自"汉森日记手稿"）

1938年7月下旬，晋察冀边区，滹沱河上的船工。

过去的一星期里，无论是徒步还是骑马对我的耐力都是一种考验。这趟行程约170英里，需翻越18座山，穿过50里＊宽的日军占领区和正太铁路，到达辽州。穿越正太铁路时有200名八路军护送我们，整整花了4天的时间。在此期间，我有机会接触八路军的正规军。

八路军指挥官将战士们分成不同的小组，先遣部队是一个5人小组，走在最前面，离大部队约1/4英里。70头驮着行李的骡子走在最后。队伍每小时行进3.5英里，然后做一次短暂的休息。

第一天，我们就翻了一座山，横穿了一条河。战士们的步枪都很旧，子弹带装得满满的，每个人还带有4颗手榴弹。带队的指挥官每10分钟吹1次哨，战士们就将枪从左肩换到右肩，这是节省体力的一个新奇方法。行军时，战士们汗流浃背，但是没有人抱怨。他们吃苦耐劳的精神让我赞叹不已。

我一直很纳闷，以这样的武器装备，他们怎么能成为一支有战斗力的军队。最后我总结出他们身上具备的三种特质：第一，年轻人的热情。这些战士平均年龄22岁，已经有5年的战斗经历。有些人虽然只有20岁，但已经从军8年，他们曾经是江西的红小鬼。第二，部队指挥官待人亲切、意志坚强。例如，每当休息时，这些指挥官就会与当地农民闲聊，了解他们的困难和需求，或者与战士坐在一起交流，没有阶级和等级的差别。第三，部队执行任务的效率很高。例如，当我们停下来过夜时，指挥官命令一批战士迅速控制周边道路，另外派一批人寻找夜宿的地方，还有一些负责做饭，或被派去看望当地老乡、

＊ 编者注："汉森日记手稿"中使用的英文是li，考虑到在战地环境写作的情况，此处保留，不做与上下文统一单位的处理。文中类似情况，处理方式亦然，仅在此处统一说明。

照看骡子等。战士们都绝对服从命令，任务完成得干脆利落。

指挥官对我和布朗照顾得十分周到，派专人带我们穿越大溪流，优先为我们找住处，尽量让我们的食物简单而干净。这些军人没有一个受过教育，但几乎个个都可以被称作绅士。这是中国军人非常令人惊奇的一种特质。我认为，这都得益于指挥官的言传身教。

在与他们的交谈中，我了解到很多人无家可归。几乎每个人都在15岁以前就离开了家乡，从此再也没有父母的音讯。通常情况下，他们吃的是小米，运气好的话有点蔬菜。每人一天的食物开销约1.8美分。这些人没什么恶习，布朗跟我说，他曾经给854名八路军做体检，只发现了两例性病。这些战士不喝酒，只抽一些当地产的烟草，每月烟草费约20美分。他们的月薪是1美元，一般就花在鞋子、水果、烟草上，军装不花钱。

我认为维系这种简单生活的唯一原因是他们彼此间的默契和自我教育。这些20岁出头的年轻人，很多都是一起并肩作战六七年的战友，他们能分担战友死亡的悲痛，有着共同的记忆和经历。他们常常聚在一起边抽烟边回忆，也谈论当天的行程。

政治指导员的思想教育对战士们起到了激励作用，使他们意识到八路军是在为理想而战。每天早上行军前或中午休息时，战士们聚在草地上，聆听15至20分钟关于群众运动、中国民主、世界统一战线的发展、日本帝国主义的弱点等方面的报告。虽然我认为有时候这些内容可能被夸大了，但统一战线的本质和为理想而战的思想因此而深入人心。

7月25日，我们休息到下午5点。队伍从距离正太铁路20里的一个村庄出发，后面这段行程是一场艰苦的耐力比赛。幸运的是，村民向部队捐赠了40双鞋，使得一些战士不再打赤脚。以后的几天里，我们经历了难以想象的艰难困苦，布朗的马累得虚脱了，只好送给当地的农民。队伍到达辽州[*]后我们计划去拜访朱德总司令。

（编译自"汉森日记手稿"）

★　辽州，今左权县。1912年，辽州改名辽县，但汉森日记英文原文是"Liaochow"，说明当地人沿用了"辽州"这一称谓。

1938年8月，晋南。村庄里被日军烧毁的寺庙。

1938年8月，晋南。这里几乎每栋建筑都被日军烧毁了，汉森一行很难找到休息的地方。

1938年8月，山西锦州。

　　城墙被拆除，街道宽阔得像芝加哥的麦迪逊大街，两侧的建筑物被日军的大火烧毁，变成了空壳。一些店主蹲在唯一能遮风挡雨的帆布帐篷下进行交易。锦州以前是个1.5万人的城镇，现在却是一片废墟。

（编译自"汉森日记手稿"）

1938年8月，晋察冀边区。八路军副总司令彭德怀。

八路军总部一直在搬迁，行踪不定，我们经过两个星期的追赶，终于得知可以在屯留故县见到朱德总司令。但当我们到达时，再次被告知总司令不在。不过我们见到了副总司令彭德怀将军，并交谈了约1个小时。

彭德怀是一位胸部宽大、身材健壮的人，腹部稍微有些凸出。他的动作缓慢，常常处于一种思考的状态，脸上始终带着友善的笑容。他穿着一条不合身的棉质长裤，一件西式衬衫，袖子卷起，衣领敞开。与普通士兵一样，他也剃了光头。

第一个晚上，我们就美、英、德对目前中日战事的态度以及对苏日战争的可能性进行了深入的探讨。在我和彭的交谈中，他总是安静地坐着。回答每一个问题前，他都要思考好一阵子。对于从来没有上过学的彭德怀来说，他兴趣面非常广。在八路军中，他以军人和学者双重身份著称。彭一半的时间都在阅读外交事务和与中国共产主义相关的文献。他在成为军人前就已结婚，但1927年后他再也没见过他的妻子和孩子。彭的朋友不多，时间全都投入工作。我建议他打打网球，但他说对运动没兴趣，而且长征后他的身体变得虚弱了。

第二天早上9点，我继续对彭进行采访。但这次问题比较琐碎，并不那么重要。比如我们谈到中日骑兵的比较、日军士气低落的表现、红小鬼的故事等等。我们一起吃了一顿简单而美味的午餐，包括烤馒头、腌萝卜、炒鸡蛋和新鲜黄瓜。

在总部的剩余时间里我与负责教育、对日宣传、除奸等部门的人员进行了交谈，然后对彭德怀做了最后一次采访。这一次他提道："日军正在使用美、英及其他民主国家提供的钢铁、飞机燃油等战略物资屠杀中国人民。这些钢铁制做的炸弹造成一半以上的中国人伤亡。飞机燃油来自SOCONY、TEXACO、亚洲石油公司，没有这些石油公司提供的燃料，日军就无法对我们的城市进行野蛮轰炸。过去一年中，八路军缴获了1200辆日军卡车，几乎所有卡车都是美国制造。我们虽然感谢罗斯福总统和美国人民对中国的支持：购买中国白银、抵制日货、建立援华基金会，但不幸的是仍有少数商人继续为日本提供战略物资，导致世界更加动乱。"

彭允许我以他的名义发表两次访谈内容，一篇是关于美国的外交政策，另一篇是关于八路军在山西南部取得的胜利。

（编译自"汉森日记手稿"和发往美联社新闻稿《日军使用美国提供的战略物资》，1938年8月18日）

1938年8月，晋察冀边区。少年演出团在群众集会前的排练，演出服上绣有"冲锋"字样。

1938年8月，晋察冀边区。周末的傍晚，战士们和当地农
民在观看话剧、活报剧、歌咏等。

在总部待了3天后，我乘车到90里外的地方与布朗医生会合。两天后我们或骑马或步行120里到达高平。高平县长和他的妻子安排我们休息，他们两位是北大的学生。

离开高平后，我们前往山西卫立煌将军的中央军驻地。中央军的装备包括钢盔、羊毛制服、新式步枪和子弹带。驻地四处可见中央政府提供的补给：鸡、猪肉、咸蛋等，这是八路军做梦也买不到的东西。据了解，中央军每人每月食物配给是7.5美元，而八路军只有4.5美元。

到垣曲县后，卫立煌邀请我们到他的总部，我们有幸住到了朱德总司令曾住过的房间。部队为我们提供的食物超出想象：罐装牛肉、炖鸡、烤猪，北平送来的鱼、蔬菜和大米，我饱餐了一顿。

卫立煌的秘书是1934年的清华毕业生，英语很流利，在晚间采访时担任我们的翻译。卫将军看上去微胖，笑容满面。他来自农村，没受过什么教育。他从军阀的队伍中脱颖而出，赢得了蒋介石的信任。卫今年42岁，是国民党军中的五员大将之一，他在山西南部的部队总计约13万人。每月领200万美元军饷，但我怀疑中央军所做的事还不如领50万美元军饷的八路军所做的事多。例如，卫的秘书每月收入100美元，而八路军最高工资一个月才5美元。

（编译自"汉森日记手稿"）

从北平到延安
1938年美联社记者镜头下的中国

1938年8月，晋南垣曲县辛庄村。卫立煌将军和布朗医生。

1938年8月，晋南垣曲县辛庄村。卫立煌将军。

第四章　西安—延安

（1938 年 8—9 月）

　　1938 年 8 月 17 日，汉森随卫立煌的秘书到达西安，在此逗留了 3 个星期。西安给汉森留下了奇怪的感觉，即"备战的疯狂"和"事不关己的冷漠"同时存在于在这座城市。这期间，汉森采访了国共双方的一些官员，其中包括陕西省政府主席兼第三十四集团军总司令蒋鼎文。蒋谈到中日战事时说："日军要占领西安必须付出鲜血与黄金的巨大代价。"

　　1938 年 9 月 13 日凌晨，汉森与 100 多名乘客分乘数辆装满棉包的卡车驶离西安前往延安，乘客中包括彭德怀与邓小平。彭德怀在整个 3 天的行程中，寡言少语。而个头矮小，34 岁的邓小平在汉森看来活泼得像个少年，"他总是第一个爬上卡车顶部，伸手拉拽下面的人，中途停车，他也是第一个跳下车"。行前，汉森拜访了八路军驻陕办事处党代表林伯渠。林告诉汉森，外国记者访问延安应遵循以下规定：需乘卡车旅行；需自带被褥；陕甘宁边区政府会提供运输、住宿和用餐；同时在延安指派口译员安排采访，并决定何时何地允许拍照。

　　在延安期间，汉森见到了毛泽东、朱德、林彪等人并访问了中国人民抗日军事政治大学、鲁迅艺术学院等。

1938年8月17日，汉森一行在卫立煌的安排下到达西安。

西安城此时像一座忙碌的军事化城市。车站月台上到处是来去匆匆、运送军需品的军人；四处可见拿着闪亮刺刀的军人在站岗和检查；大街小巷和空地上回荡着新兵走正步的声音和"一、二、三、四"的口号声。墙上贴满了抗日海报，其中一张是蒋介石一手拿枪，一手拿剑，正带领中国人穿越战场。小孩们在街角唱爱国歌曲，不少商铺在销售军需品，如徽章、水壶、背包、绑腿等。城墙的阴影下有成千上万面目憔悴的难民。它让我想起了赛珍珠的小说《大地》。

在西安招待所，特别是在餐厅里，我看到不少脑满肠肥的中央军军官。他们大多二三十岁，身着精美的制服，脚穿亮锃锃的皮靴，腰配闪闪发光的宝剑。在豪华的盛宴上，他们一边喝着2.4美元一瓶的啤酒一边与妓女调情。与此同时，八路军及其游击队正在山西、河北为抗战做出重大牺牲。此情此景使我对中央军的奢华感到极其厌恶，在我眼里，中国还没有被战争彻底唤醒。中央政府花巨资给这些军官发放高薪，一定程度上解释了为什么投降日本的中国军人寥寥无几。

我们到达西安后，不到2个小时，朱德总司令就派人来接布朗，不到4个小时，他又派人来接我。我只跟他待了1个小时，时间太短，没有留下很深刻的印象。但他非常友善，像一位戴眼镜、说话缓慢的学校老师。朱德只有52岁，但看上去比实际年龄更老。我很难想象他如何在一个又一个战场间穿梭。

9月13日，我离开西安去延安。此时，中共中央即将在延安召开高层军政会议。我们的卡车上有28人：除我以外有5名官员，其中包括林伯渠、彭德怀、邓小平等，11名警卫和11名学生。幸运的是，同车有一位是《新华日报》的编辑，他能讲英语，曾在莫斯科接受教育，内战期间在监狱蹲了4年，他信息来源很广。

同行的还有十几辆卡车（美国车：雪佛兰、道奇和国际牌）。车上大部分是奔赴延安抗大的学生，车里堆满了行李和物资。这些美国车虽然不是很旧，但由于使用频率太高，沿途经常抛锚，不得不停下来修理。跑一趟延安，每辆车需要50加仑*的汽油，约300美金，这就解释了为什么延安的补给那么昂贵。通常学生单程去延安的车票是12美元，回西安是3美元。

（编译自"汉森日记手稿"）

---

* 1加仑约为3.78升。

1938年9月，延安。肩扛红缨枪的农民前往抗日集会的
会场。

1938年9月18日，延安举行集会纪念"九一八事变"七周年。

主席台上的横幅书有"延安各界民众纪念九一八大会"。

1938年9月，延安。抗大学生在简易户外教室上课。抗大毕业生主要负责正规军或游击队的政治工作。

延安的几所大学共有9000名注册学生，平均年龄20岁。中国人民抗日军事政治大学是最大的一所学校，有5200名学生。他们来自全国各地，学费、食宿、服装、书本一律全免，每人每月还有20美分的零花钱。延安几所大学的所有经费是每月1.8万美元。经费来源主要是边区政府的税收，还有一部分来自富裕学生和外国友人，主要是美国人的捐赠。中国人民抗日军事政治大学在五台地区和冀中地区都有分校，约有1200名学生。

为培养群众运动的组织者，中共组建了陕北公学，注册学生有2500名。在校的3—6个月时间里，他们主修政治课程。毕业生将被送往中国各地，协助组织农会、工会、妇女儿童参加抗战。

鲁迅艺术学院是最小的一所大学，主要培养作家、话剧导演、作曲家、艺术家，他们未来的主要任务是在军队中进行文宣工作。

（编译自汉森发往美联社新闻稿《延安的抗日大学》，1938年10月10日）

1938年9月，延安抗大的集会。延安大学里的学生都是自建窑洞，一般来说，每个窑洞住10人，睡在15英尺长的炕上。没有正规教室，都在露天广场上课，学校教员都是八路军干部。

在采访毛泽东时，汉森问到：来延安的年轻人90%都不是共产党员，他们为什么那么向往延安的大学呢？毛回答说："有四个原因。一、延安是整个中国唯一为抗日培养人才的地方。在这里经过短期学习就能马上奔赴战场为国家服务。二、学校生活强调自律、自我牺牲，这在当今中国年轻人中是最有号召力的。学生在校期间不仅要克服巨大的困难，并且要做出承诺毕业后到战区工作，而且月工资只有40美分到1美元。三、我们的政治军事课强调用脑而不是用力，这样一来，青年知识分子能感觉到他们可以充分施展才能。游击队领导人运用战术时果断灵活，不像中央军那样机械被动。四、有一些前红军领导人已经成为中国青年中的英雄，他们战功卓越。许多学生认为，这些英雄人物是当今中国最优秀的军事教官。"

（编译自汉森发往美联社新闻稿《延安的抗日大学》，1938年10月10日）

1938年9月，延安。学生在山上自建的窑洞。

1938年9月，延安。八路军战士在训练使用山炮。

1938年9月，延安。八路军战士在练习使用山炮。

1938年9月，延安。部队炊事班所在地。墙上依稀可见："会堂……炊事工作人员……"。炊事员们在择菜，烟囱已冒出炊烟。

1938年9月，延安。图中左一为孙维世，她1938年赴延安，在抗大和马列学院学习，同年加入中国共产党。

1938年9月，在延安窑洞门前的抗大女生。图中左边窑洞窗上点缀的大小不一的五角星（共产党革命的象征）显现了女性的爱美之心。

1938年9月，延安。抗大女学员有意将白衬衣衣领整齐外翻，以区别于单调的灰色军装。当时鲁艺的师生偏爱衣着打扮，常常引领延安的服装潮流。

1938年9月，延安。抗大女学员在寝室学习，一名学员头戴延安时期流行的"列宁帽"。图中可见木桌、木凳、土炕、草席，学员生活环境之简陋可见一斑。

1938年9月，延安。抗大男学员在窑洞里学习。

1938年9月，延安。鲁迅艺术学院的丁玲。1936年，丁玲奔赴延安，成为第一位到陕北的著名作家。她曾任"中国文艺协会"主任、中央警卫团政治部副主任、西北战地服务团主任、《解放日报》文艺副刊主编、陕甘宁边区文协副主席等职。在延安期间创作了《我在霞村的时候》《在医院中》《三八节有感》等作品。

1938年9月，延安。
鲁迅艺术学院剧作家
左明，又名廖左明。

1938年，延安。沙可夫（右），鲁迅艺术学院副院长，曾经留学苏联，1938年春主持起草了《鲁迅艺术学院创立缘起》，是鲁艺的创始人之一。

　　31岁的沙可夫毕业于莫斯科的戏剧学院。沙可夫认为西方戏剧比起其他形式的宣传工具有四点优势：一、抗日剧团基本不需要工资、道具和其他费用，比报纸和电影成本低。二、演员可以随军开往任何地区，他们没有辎重，可以骑骡子，乘坐马车、卡车，或步行，非常机动灵活。三、为了满足一个群体的特殊需要，演剧的内容可以在几小时内做变更。例如，作为美联社记者，我曾亲历一件事，在一个村镇，一名日军间谍被逮捕。结果不到4小时，演剧社就根据此事排练演出了一出话剧。四、中国群众无须受教育就能看懂话剧。而报纸、政治演讲在农村的宣传作用是有限的，它们只能吸引一小部分上过学的农民。

（编译自汉森发往美联社新闻稿《中国的战时戏剧》，1938年11月8日）

1938年9月，汉森邀请王震、徐海东、贺龙、谢觉哉、罗荣桓、萧克、关向应、罗瑞卿、杨尚昆、萧劲光（从左至右）午餐时拍的照片。美国医生马海德也在场，但没参加拍照。马海德有意避开拍照有可能不想在西方媒体曝光。（编者注：马海德，原名乔治·海德姆，祖籍黎巴嫩，1910年9月26日出生于美国。1933年，来华行医。1936年，同埃德加·斯诺前往延安。1937年，加入中国共产党，后任陕甘宁边区卫生部顾问。他是唯一在红军时期加入中共的美国人，此后他改名为马海德。1988年10月去世。）

　　我邀请14位中共高级官员吃午餐。这些中共官员不善饮酒，我挨个敬酒，他们喝一杯就脸红了，大部分人在走前就已经半醉。午宴非常成功，这归功于马海德诙谐的笑话。

　　第三天中午，我与马海德吃了顿午餐。他是黎巴嫩裔美国医生，毕业于日内瓦的医学院，纽约人。他说话很幽默，非常健谈，很爱讲笑话，准备跟我聊12个小时。他跟其他的中共官员一样住在窑洞里，每月的工资40美元左右，在延安算收入第三高的人士。外国人和外来教授通常比中共官员收入高，例如，毛泽东每月只有5美元收入。政府给了他一套冬装和一套夏装，其他的如袜子、鞋、毛衣、手帕等要自费购买。他与李德住在一起，但李德拒绝所有记者的采访，因为斯诺在《红星照耀中国》一书中对他有负面的描述。我认为马海德不算是中共高官，而李德是。马海德约35岁，身体壮硕。他有"占小便宜"的怪癖，例如他不请自来参加晚宴，他"吹嘘"自己如何从别人那里"没收"了烟斗、烟叶、鞋等。他讲述这些故事时很具亲和力，以至于听者都愿意把衣服脱下送给他。

（编译自"汉森日记手稿"）

1938年9月，延安。左起：王震、林彪、罗瑞卿。

1938 年
9 月，延安。
贺龙。

贺龙，时任八路军120师师长。

八路军120师师长贺龙是延安最有个性的人物。他的部队控制着汾州到绥远北部的地区，东到同蒲铁路，西到黄河西岸。他的身材看起来像一名拳击手，个子高大，胸部和肩膀都很厚，腿部精瘦。尽管他的体重已经达到190磅，但腿脚很灵活。他留着小胡子，看起来好像美国喜剧演员哈代。贺龙是一位天生的喜剧演员，时不时讲述他在内战和抗战中的冒险经历。每讲一句话都配以有力的手势和声音的模仿。例如在讲述日军的装甲列车呼啸而来时，他会模仿出"哧哧哧……"的声音，同时用手势表示列车的速度。他总能发现战争诙谐和滑稽的一面……

贺龙骑术高超。据说，每位来访的外国人都必须接受与他赛马的挑战，之后才能受邀去赴晚餐。如果有人赢了他，贺会把营地里最好的马送给他。他能与战士同甘共苦，1937年冬天，贺龙与他的士兵一起光脚在宁武的雪山上待了8天。

贺龙是一位有能力的政治战略家。像其他的中共将领一样，在谈到群众工作、民族理论及统一战线等敏感问题时他信心满满。对于人名、时间、战役、人员伤亡，他都非常熟悉，如数家珍。贺是中共将军中为数不多的有超强记忆力的一位。

我的搭档布朗博士形容他像《飘》中的白瑞德。由于没有读过这本小说，我不能评价。但采访过他的大多数记者对他粗率不羁的性格印象深刻。贺龙是男人中的男人。

（编译自"汉森日记手稿"）

1938 年 9 月，延安。罗瑞卿，时任中国人民抗日军事政治大学副校长。

1938年9月，延安。周恩来，时任中共长江局副书记。

1938年9月，延安。徐海东，时任八路军115师344旅旅长。1937年12月，根据中共中央指示，徐海东和王震率部深入华北敌后开展山地游击战。

徐海东的不羁性格仅次于贺龙。徐35岁，曾经在家乡干窑工，至今他还活在20多岁时惊心动魄的生活中。他看上去很英俊，身材高大，有着迷人的微笑。徐向我描述了一场7月份的战斗，他率领部队歼敌600人。在进攻前，他自己装扮成农民，环绕日军阵地一周侦察敌情。开战后，他直接跳上路中间的日军卡车指挥作战。

（编译自"汉森日记手稿"）

1938年9月，延安。萧克，
时任八路军120师副师长。

　　萧克是另一位红军时期的著名将领。他在中共高官中最年轻，只
有30岁。过去10年中，他与贺龙紧密合作。萧个子不高，看上去有
点瘦，不善言辞。

（编译自"汉森日记手稿"）

1938年9月，延安。毛泽东与徐特立。徐曾是毛泽东的老师，时任
国民革命军第十八集团军（即八路军）高级参议、驻湘代表。

1938年9月，延安。谢觉哉（左），时任陕甘宁边区政府高等法院院长。林伯渠（右），时任陕甘宁边区政府主席。

头发苍白的林伯渠，52岁，是陕甘宁边区的主席。谈到边区选举时，他略带歉意，表示边区的选举制度还不成熟："1935年，我们来到陕北时，这里的人民95%是文盲，但我们还是尽最大的努力组织选举活动。过去三年中，根据教育部的统计，文盲率已经下降到70%。在扫盲班中有1.6万名儿童和4.6万名成人。"林伯渠强调说："目前中国的民主并非行之有效，除非像你们美国一样，人们都得到了良好的教育。我们希望为中央政府树立一个榜样，为彻底扫除文盲立新功。"

（编译自"汉森日记手稿"）

1938年9月，延安。朱德夫人康克清，时任八路军总部直属政治处主任。

1938年9月，延安。八路军总司令朱德。

八路军总司令朱德。

朱德在延安群众集会上演讲。

朱德毕业于德国的一所军校，至今他还愿意说几句德语。作为八路军最具权威的发言人，朱德将军同意与我讨论三个困扰全世界所有政治家的问题。一、红军是如何从4.5万人发展到今天42万人（其中30万是八路军领导下的游击队）的？二、苏联对这支大军有什么影响？三、游击队员都是共产党员吗？

朱德解释说，1937年9月，红军分为几批开往华北，在敌后组织青年农民参加游击队。可以说游击队员都是农民，他们有武装，接受职业军人的训练，但他们主要是在自己的家乡作战。他们和红军的主要区别是政治教育程度不同，但现在游击队也在开展政治教育。

1938年初，每一支红军部队由于游击队的加入都扩大了五到十倍。游击队的新兵几乎都自带步枪，因为华北地区大部分农民在战前都是有武器的。一旦组织起来，游击队就与小股八路军合作，将日军驱赶到铁路沿线筑有堡垒的城镇中。所有日军任命的伪政府官员都被处死，土匪则被镇压下去，人民在中央政府的直接领导下建立新的地方政权。1938年3月，在铁路之间地区的日军政权已被全部摧毁。（汉森注：作为美联社记者，我在3月曾深入河北游击区，见到中国的邮局、学校、银行都重新开张，这点可以印证朱德的说法准确无疑。）尽管游击队和八路军没有飞机、坦克，只有少量大炮，但他们的军事战术，如袭击日军出行部队、袭击日军铁路沿线防卫虚弱的兵营等弥补了八路军军事装备不足的缺陷。（汉森注：根据官方统计，八路军作战的第一年歼敌3.4万人。）

采访期间，我给朱德看了两篇《时代周刊》7月13号的文章，里面提到日军在过去的一年已经占领多少平方英里的中国领土。朱德看后哈哈大笑，他认为文章中提到的并不属实。他说在第一次世界大战中，德军与盟军战线分明，法军从未在敌后作战。但是，日军的情况不一样，他们没有明确的战线，只是占领了像蜘蛛网一样的铁路和铁路沿线的大城市，而铁路间的广大农村地区仍然在中国人的控制中。朱德打比方说，如果一支敌国部队入侵美国，他们只是占领了北太平洋铁路和南太平洋铁路，而美军在两条铁路间仍有很大的活动空间。在中国的五个北方省份，日军控制了2300英里的铁路线，但铁路间的游击队兵力超过了55万。日军所控制的行政区域不超过他们大炮的射程。即使日军在战前就在冀东地区扶持了傀儡政权，但自从今年6月八路军进入后，这些政权也土崩瓦解了。朱德相信，中国的机动部队能够从当地得到粮食和武器弹药的补给，这样能坚持至少10年，因为铁路对中国农村并不重要。但是，对日军而言，由于没有乡村贸易，铁路的商业价值就没有了。在蚕食战中，控制农村和粮食补给的军队一定能战胜只控制铁路的军队。这就是为什么中国人民并没有因为失去上海、南京、徐州等大城市而感到沮丧，我们相信最后的胜利是属于中国的。

谈到苏联的影响，朱德说在八路军控制的地区没有苏联顾问和军事补给。这一点与我的观察相符。当我问到中共军队与苏联远东军队合作抗日的可能性时，朱德沉默不语。但从墙上的军事地图中能看到，八路军游击队从西南方向，苏军从东北方向同时包抄伪"满洲国"。

　　最后朱德谈到了八路军控制区的民主政体。县政府已经召开了第一次会议。但目前情况下，这些民选政府只有提供咨询的权利。

（编译自汉森发往美联社新闻稿《朱德批评〈时代周刊〉》，1938年8月18日；《日军士气低落》，1938年8月20日；《日俄冲突》，1938年8月22日）

1938年9月19日，延安。中共领导人毛泽东。接受汉森访谈的前几个月，他刚刚写出了著名的《论持久战》。

采访毛泽东是我在延安两星期中最重要的事。在我采访他的几个小时中，他给人的印象格外突出。

有一天晚上7点钟，他的秘书来到我的房间，告诉我毛将在8点半接见我。此前我已经给毛送去了50个问题。我和毛的秘书穿过黑暗的主街，进入一个狭窄的街道，此处每隔30英尺就有一个武装卫兵。我们最终来到一个一半是房屋一半是窑洞的院子。透过窑洞窗户，我看到一个人手持蜡烛在屋子里踱步，那便是毛泽东。毛身材高大，穿着一件农民的衣服，因为夜里比较凉，他肩上搭了一件夹袄。窑洞里有一个涂成白色的拱形天花板，映衬出毛硕大的头颅，高高的前额，蓬松的头发，突出的颊骨和方正的下巴。他的言谈举止都像一个艺术家。

毛背对着蜡烛站在那里，向我示意表示欢迎。他的肩膀微倾，双臂交叠着，像个农民一样面无表情地看了我足足有1分钟。他讲起话来带着睡意，但声音却低沉有力。毛是个忙碌的人，我想象这次采访必定是匆忙的。出乎意料的是，他并没有直接进入主题，而是询问了我的旅程、住宿等。然后他站起来喝了一杯茶，点燃了烟斗（卡尔逊送给他的），在房间里慢慢踱步，对我的回答连声说好，一点都不急于采访。我最终提到了之前准备的问题，他看上去有点厌烦，并打开了一摞笔记。毛开始浏览每一页，在几个地方划线。他对字义非常讲究，询问秘书对我的问题是否都翻译得很精准。随后，他就我的问题开始作答，每讲完一句话后就停顿下来，留足够的时间给翻译，然后再继续。就这样，他连续谈了15分钟。之后，他站起身，伸伸懒腰，在房间里踱了几步，问我今年秋天（1938年）美国大选的可能结果。他很快发现我对美国当下的政局一无所知，只好又回到了我们的采访。毛不使用笔记，也从不修改口述内容，但会在讲话前停下来思考。他讲话很有条理，比如他说某个现象由五个原因造成，便会依次罗列出这五个原因。我们谈话的主要内容是中国民主的未来。

两小时后，毛问我是否饿了，然后让人拿来"早餐"(他白天睡觉，晚上工作)。

我对毛的几点主要印象是：首先，他会让人很放松，同时让你感到受重视，他对每一位访客都很诚恳。其次，他的脑子就像图书馆卡片目录，有条理性和逻辑性。即便在回答我的问题时，他也坚持按类别回答。

我认为毛很了不起，在全世界最佳学府留学的中国学生，没有一个人能超过这位简朴的农民。他从未上过大学，但他很自律，无论在战斗中还是长途跋涉中都坚持每天读60页书。他自学成才，不输于中国任何一个受教育的人。毛既不能读也不会说外语，但他知道很多英文单词。

毛毫无虚荣心。他写了一本关于军事战略的书，过去四个月中售出十万册，破了中国的纪录。当我提到此事时，他面露喜色。实际上，我没有真正读过这本书，只是听说过，所以我的问题也暴露了我的无知。

毛有时候会在不引起注意的情况下在延安的街道上穿行。有一天晚上，他没带卫兵，一个人去观看话剧，他站在剧场的后面，无人知晓。毛在延安很低调，却受人敬仰。

我们的采访一直持续到凌晨1点，毛并未显示丝毫的厌烦，我相信他那天晚上还有许多工作要做。

（编译自"汉森日记手稿"）

附

汉森发往美联社的新闻稿：

《中国民主的远景：采访毛泽东》，1938 年 9 月 19 日

问： 民主之路是否要分阶段？

答： 有两个阶段。一是打败日本帝国主义，二是战后重建。在第一阶段，抗日力量将从日军手中收复大部分失地，并建立一个临时的民主政府。换句话说，敌后的游击队和机动部队将会赶走傀儡政权建立新政权。战争期间为了在游击区发动民众抗日，有必要开展政治经济改革。但所有改革项目都是以抗日为目的的，同时改革的计划将为建立新中国打下基础。战时改革的具体计划包括：在政治上组织发动民众、普及大众教育、武装民众、允许各个村庄选举自己的村长、允许村镇向地区委员会派遣代表并发表意见。在经济层面要降低地租、控制利率、重新分配税收以减少贫苦农民的负担，扩大耕地将余粮分配到有需求的地区，禁止没收私有财产。

打败日本帝国主义是首要目标。日本控制了中国城市与交通命脉，中国就不成其为一个完全独立的经济社会体。换句话说，如果不收复失地，彻底的民主革命就无法实现。

日本人被赶出中国后，中国将在全国范围内巩固经济和民主改革的成果。由于战时和战后各种因素的复杂性，现在无法精确地估计需要多少年才能走完这两步，但在我们的有生之年应该能够看到。

问：中共想要实现的民主是一种什么形态？

答：从理论上讲，中国民主政府将与西方四个民主国家（英、法、苏、美）非常类似，但是政府的政策必须有利于中国广大人民（中国80%都是农民），这种政策必须要比英美的政策更开明。必须有真正意义上的民选，资本家和工人必须共享国家经济发展的红利，农村的生活必须改善。

因为革命力量已经改变，所以在民主革命时期的经济改革将会比江西苏维埃时期的经济改革更加温和。在江西时期，革命力量主要是反帝反封建（地主）的农民，那时候有必要剥夺乡绅的私有财产和权利。当时的政府代表资本家和地主，他们坚决反对改革。

今天革命的最大敌人是日本帝国主义，今天革命的力量包括工农以及资本家和地主，可以说这就是全国统一战线。在新形势下，经济改革必须符合统一战线中双方的利益，经济改革必须循序渐进，不是革命的，不是没收私有财产式的。经济改革的速度取决于社会各阶级的相对力量，只有这种政策才能将中国广大人民团结在一面旗帜下，才能够孤立日本帝国主义者和他们的走狗。

关于第二阶段民主政府的结构，目前还没有具体细节，但是孙中山的《建国大纲》可以作为建政的基础。每一个县和地区都应该有自己的民选政府，中央政府将由各省和地区选举产生。（汉森注：换句话说，取缔国民党一党专制是民主革命的必要条件。）代表全体人民和社会各阶层的中央政府在战时和战后重建期间将是最有权威的决策机构。如果遵循了这个基本原则，政府的结构如何都是次要的。

问：民主革命之后，中共如何实现社会主义？

答：中共希望从民主改革到社会主义是循序渐进的，不是革命的。重点在于普及教育和政治行动，军事冲突如有可能就尽量避免。（汉森注：毛泽东承认和平实现社会主义史无前例，但他指出社会主义的历史非常短暂，中国正在努力创造历史，而不是模仿历史。）

问： 在统一战线中阶级斗争会消失吗？

答： 不，阶级斗争会继续存在。但与抗日战争相比，它是第二位的。中国的两个阶级在抗日战争中都会做出巨大牺牲，富人会有钱出钱，减少自身收入待遇；穷人会付出劳作、食物甚至生命。两个阶级的各自利益会缓和阶级斗争，减少阶级斗争需要双方的努力。新组建的农会使用权力时要克制，绝对不能没收私有财产。减租、减息、减税一定要仔细计算，以符合统一战线的利益。另一方面，资本家和地主不能无节制地剥削劳苦大众。

中国经济的中心，如上海、广州、汉口现在已经落入敌手，中国大量的资本投资已经被日本人掠夺或控制。当这些城市被中国军队收复时，资本家想要收回自己的财产就必须对中国军队有所回报。这成为战后减少阶级斗争的一个非常重要的因素。（汉森注：为了避免阶级斗争的重新爆发，中国军队要归还资本家财产是有条件的，这里的条件与民主革命是一致的。）

国共两党打了十年内战，谁都没赢。今天两党合作对大多数人来说好处是显而易见的。随着战争的继续进行，这种合作会更加彰显它的优势，这也是避免以武力进行阶级斗争的方式。战后资本家如果破坏统一战线，重新依仗武力压迫广大人民，中共除了开战将别无选择。形势如果这样发展下去，将对民主革命和中国人民产生不利的影响。

汉森离开延安后

1938年10月2日，汉森告别延安，返回西安。他在最后一天的日记里做了如下总结：

10月2日，我离开延安返回西安。此时我才明白中共一些高官并不想见我。他们对我的采访请求不给明确答复，只是为了拖着我，使我无法回西安发送关于中共代表大会的电报。我在延安等了19天，我求见的十几位中共领导人都谢绝了采访。我能理解他们的想法，采访是有禁区的。从美联社的角度来看，我这次旅行意义不大，但对写书而言，我已经收集了足够的素材。

延安之行，不能说完全失败。我与李德进行了几次交谈，我访问了最高法院和模范监狱，我参加了鲁艺音乐系的音乐会等。

我还作为特邀嘉宾观看了一部电影，叫《未来的战争》。影片一开始就展现了莫斯科得知大战开启，群众集会和人们争相入伍的场景。然后我们看到德军跨过苏联边境。接下来的场景包括苏联轰炸机炸毁德国军列；苏军使用反坦克大炮歼灭了德军的坦克军团；配有重武器的苏军伞兵师在敌后着陆；德军一片混乱；苏军的坦克从敌后发起进攻，骑兵和步兵紧随其后；德国将军和他的参谋部集体投降；等等。这是一部出色的宣传片，也是一部质量颇高的电影。

在延安最令人感奋的经历莫过于发现人人都有一种使命感。随便一瞥他们拟定的计划，估摸半世纪以后才能完成。但是他们信心满满，就像已经订好了一份晚餐，半小时后就能送到。

在我们离开延安那天早上，一队军事干部正准备前往东北加入当地游击队，他们自称是夺回失地的先遣部队。当然，夺回东北将是这场战争中最后阶段的事，两年内都不会实现。但是，中共正在奠定基础，一旦日本人被赶走，他们就能迅速控制这一地区。更重要的是，延安近万名在校学生的精神面貌使我意识到他们的运动不可阻挡。

（编译自"汉森日记手稿"）

离开延安后，汉森花了约3个月时间辗转中国大西南，所到之处包括成都、重庆、贵阳、柳州、衡阳、长沙、桂林等地。在成都期间，汉森访问了刚从内地西迁来的南京中央大学医学院、金陵大学、金陵女子文理学院、齐鲁大学，以及苏州东吴大学生物系。在重庆，汉森采访了国民政府财政部长孔祥熙、经济部长翁文灏、国民政府行政院副院长兼国防最高委员会重庆行营主任张群等人。在贵阳，汉森见到了贵州省主席兼滇黔绥靖公署副主任吴鼎昌。11月下旬汉森到达长沙，目睹了长沙大火后的一片疮痍。离开长沙后，他前往桂林，最后从香港、上海转道东京回到美国。

1938年的采访之旅中，汉森行程万里，足迹遍布大半个中国。他接触了中国社会各阶层人士，上至国共两党高级军政官员，下至平民百姓，这在当时新闻记者的履历中并不多见。在重庆，一位中国银行家曾对他说："在今后的几年中，中国的抗战形势并不乐观。未来5年也许10年，我们都将付出巨大的牺牲。但我相信，不超过25年中国将重获独立。"这段话深深地感染了汉森，中国人民空前的爱国热情和准备打持久战的决心使他坚信"战争的天平终将倾向中国一方"。